W0344507

Highlights

NORDSEE

DIE 50 ZIELE, DIE SIE GESEHEN HABEN SOLLTEN

Nordfriesland
W.D.R.

Highlights

NORDSEE

Udo Bernhart
Christine Lendt

BRUCKMANN

Inhaltsverzeichnis

(v.l.n.r.) Hinweisschild zum Inselbahnhof auf Borkum; Deichschaf am Beltringharder Koog auf Nordstrand; In der Friesenstube »Königspesel« auf Hallig Hooge; Robbe bei Helgoland; im Fährhafen von Dagebüll; Windsurfen lernen auf Borkum.

Weithin sichtbar ist der Leuchtturm Westerheversand an der nordwestlichen Spitze der Halbinsel Eiderstedt.

Die Ostfriesischen Inseln

Die niedersächsische Nordseeküste

0
20 km
N
NORDSEE
Rømø
Vadehavet
Skærbæk
Løgumgårde
Rødekro
Aabenraa
Aabenraa Fjord
Diernæs Bugt
Holm
Hjerpsted
DANMARK
Styrtom
List
Arnå
Guderup
Wenningstedt (Sylt)
Tønder
Tinglev
Westerland
1
Sylt
10
Neukirchen
Kruså
Sønderborg
Flens-
burger Förde
Harrislee
Glücksburg
Nationalpark
Niebüll
Leck
Flensburg
Hörnum (Sylt)
Föhr
3
Nordfriesland
Handewitt
Sterup
Dagebüll
4
7
Süder-brarup
2
Nebel
Wyk a. Föhr
Tarp
Angeln
Amrum
5
Bredstedt
Schleswig-Holsteinisches
Japsand
Pellworm
Hooge
6
8
Schleswig
7
Nordstrand
Schlei
Norderoogsand
11
12
Norder-hafen
Husum
Eckernförde
Hallig Süderoog
Süderoog-sand
Wattenmeer
13
Friedrich-stadt
Kropp
Westerhever
16
18
20
Eiderstedt
14
Ording
Tönning
Lunden
Rendsburg
19
Erfde
17
St. Peter-Ording
21
Deutsche
Dithmarschen
Eider
9
Helgoland
Düne
Hamdorf
Nationalpark
Wesselburen
Heide
Albers-dorf
Nord-Ostsee-Kanal
22
23
Nortorf
Büsum
Schleswig-Holsteinisches
15
Hademarschen
Meldorfer Bucht
Aukrug
Trischen
Meldorf
Bucht
Friedrichskoog
Schenefeld
Wattenmeer
Scharhörn
zu Hamburg
Neuwerk
Itzehoe
Marne
Nationalpark Hamburgisches Wattenmeer
Brunsbüttel
Wilster
Westermoor
Cuxhaven
48
Elbe
Barmstedt
Nationalpark Niedersächsisches Wattenmeer
Großer Knechtsand
Nordholz
Glückstadt
29
Wangerooge
Spiekeroog
Otterndorf
Land
Wischhafen
23
Baltrum
27
Langeoog
28
Minsener Oog
Land
Elmshorn
Norderney
25
26
Langeoog
Oste
Hadeln
Harlesiel
Juist
24
Juist
Norderney
Carolinensiel
Minsen
Mellum
Hemmoor
Drochtersen
Bensersiel
39
Borkum
Dornum
42
40
Wanger-land
46
Kehdingen
Esens
Bad Bederkesa
23
Memmert
Norddeich
38
Langen
Stade
Wedel
Niedersächsische Mühlenstraße
35
Norden
Hage
Wittmund
Oldendorf
Borkum
45
Bremerhaven
Ostfriesland
44
Jever
50
Leybucht
Burhave
47
Wilhelms-haven
Schiffdorf
26
Greetsiel
34
Südbrookmer-land
Sande
Aurich
Horneburg
Krummhörn
Jadebusen
Nordenham
Neu Wulmstorf
33
36
43
Friedeburg
Ems-Jade-Kanal
Bremervörde
Orgelländschaft Ostfriesland
Loxstedt
Beverstedt
Harsefeld
Hinte
41
Wiesmoor
Zetel
Varel
30
37
Ahlerstedt
Delfzijl
Ihlow
Bockhorn
Gnarrenburg
Emden
31
Weser
Jade
29
27
Hesel
Rhade
Dollart
Ammerland
Ovelgönne
Brake
1
Zeven
31
Westerstede
Teufels-
Tostedt
28
Apen
Elsfleth
Osterholz-Scharmbeck
Sittensen
Leer
Slochteren
Bad Zwischenahn
Worpswede
A7
Zwischenahner Meer
Berne
Ritterhude
moor
Scheeßel
Ems
Grasberg
Weener
Barßel
Oldenburg
Zuidlaren
Oude Pekela
32
Rhauder-fehn
Rotenburg
49
BREMEN
Delmenhorst
Schnever-dingen
NIEDERLANDE
Papenburg
Wardenburg
28
Friesoythe
Stadskanaal
Ganderkesee
Achim
Dörpen
29
Soltau
1
Schoonloo
31
Lorup
Thülsfelder Stausee
Kirchlinteln
Lathen
Wildes-hausen
Verden
27
7

Seit 1856 weist der markante Leuchtturm Kampen auf dem Roten Kliff von Sylt Schiffen den Weg (oben). Genau 52,6 Meter hoch ist die Uwe Düne westlich von Kampen auf Sylt, von der man einen wunderschönen Blick über die Insel und das Wattenmeer hat (rechte Seite oben). Im Herbst kann die Nordsee ziemlich stürmisch werden, was die Spaziergänger auf Norderney nicht stört (rechte Seite unten).

Weltnaturerbe und kultureller Reichtum – die deutsche Nordseeküste

Vielfältige Eindrücke am Saum des Wattenmeeres

Friesische Freiheitsgefühle und schier unendliche Weite. Ein Meer, das sich im Rhythmus des Mondes bewegt. Die Salzwiesen und Deiche, auf denen Lämmer grasen, Leuchttürme wie im Bilderbuch, Reetdächer und sakrale Schätze – dies und noch viel mehr ist die Nordseeküste. In den Sitten und Gebräuchen spiegeln sich die unterschiedlichen Traditionen des nordwestdeutschen Raumes wider.

Die Nordsee zu erleben bedeutet, in unvergleichbare Landschaften einzutauchen, die geprägt sind vom Spiel der Gezeiten. Die weite Fläche, eine feuchte Wüste aus Schlick und Sandwatt, die sich offenbart, wenn sich das Wasser zurückzieht bis zum Horizont. Auch diese Wüste lebt; sie beherbergt eine besonders große Artenvielfalt. Geschickt haben sich ihre Bewohner einer Umgebung angepasst, die zweimal täglich fast trockenfällt, um dann wieder von heranrauschenden Wogen geflutet zu werden. Das Wattenmeer also, die Nordsee mit den angrenzenden Salzwiesen und den Marschlanden, die Dünenstrände und die durch Eindeichung gewonnenen Areale – all dies fügt sich zu einer Region mit eigenem Charakter, die Jahrhundertfluten veränderten, die so rau und unwirtlich wirken kann und an milden Sommertagen doch so lieblich erscheint. Etwa, wenn die nackten Fußsohlen die von der Sonne gewärmten Holzbohlenwege berühren, wenn sich das Dünengras sanft in der Brise wiegt und bunte Lenkdrachen am Himmel tanzen.

Region mit vielen Gesichtern

Es wäre zu einfach, schlicht von der Nordseeküste zu sprechen, säumt sie doch gleich zwei Bundesländer und setzt sich noch weiter fort bei den Nachbarn Niederlande und Däne-

Heimatmuseen erzählen oft viel von vergangenen Zeiten: Ein Schmuckstück ist der Königspesel auf Hallig Hooge, in einem ehemaligen Kapitänshaus aus dem 18. Jahrhundert (unten). Liebevoll gepflegter Eingang im Inseldorf Oevenum auf Föhr (ganz unten).

mark. Auch wenn es natürlich einige Gemeinsamkeiten gibt und das Wattenmeer sie alle verbindet, unterscheiden sich doch die jeweiligen Regionen. So gleichen einige der Nordfriesischen Inseln zwar auf den ersten Blick den Ostfriesischen Inseln mit Sandstränden zur offenen See hin und dem Wattenmeer in Richtung Festlandküste. Doch besitzen Erstere sogenannte Geestkerne, Reste glazialer Ablagerungen aus den letzten Eiszeiten, während Letztere durch die Kräfte der Natur aus Sandflächen erwuchsen.
Die Ostfriesischen Inseln entstanden durch Strömungen, Seegang und Wind, die Sediment herantrugen, das sich an Sandbänken anlagerte. So besagt es die gängige »Platen-Hypothese«. Es sind Dünen- oder Barriereinseln; in Nordfriesland hingegen handelt es sich um Geestkern- oder Marscheninseln. Und noch etwas ist besonders in diesem Teil des Wattenmeeres: Die Welt der Halligen, jene Inselchen, auf denen nur wenige oder gar keine Häuser stehen, errichtet auf den Erdhügeln der Warften, die sie vor Überflutung schützen. In Ostfriesland wiederum sind solche Warften (auch: Warfen) auf dem Festland zu finden: Sie bilden in der Gemeinde Krummhörn eine einzigartige Landschaft mit 18 winzigen Warfendörfern.

Tore in die Inselwelt

So bietet sich auch an den Festlandküsten von Schleswig-Holstein und Niedersachsen ein höchst unterschiedliches Bild. Ganz im Norden vor der deutsch-dänischen Grenze sind die Küstenorte vor allem für den Transfer zu den Nordfriesischen Inseln und Halligen von Bedeutung: Bei Klanxbüll startet der Sylt-Shuttle, der Autoreisezug bringt die Gäste über den Hindenburgdamm auf die Nordseeinsel. Etwas weiter südlich in Dagebüll legen die Fähren nach Föhr und Amrum ab. Die Halbinsel Nordstrand ist das »Tor zu den Halligen« sowie Fährhafen für die Reise nach Pellworm. Die touristischen Angebote in diesem nördlichen Bereich der Festlandküste konzentrieren sich auf vergleichsweise wenige Orte, die dafür umso mehr Gewicht haben. Dazu zählt etwa die Nolde Stiftung Seebüll, die Wohnhaus und Atelier des wohl berühmtesten norddeutschen Malers zugänglich macht: Emil Nolde war einer der führenden Künstler des Expressionismus. Kulturell bedeutsam und von einem gro-

ßen Namen geprägt ist auch die Stadt Husum, in der Theodor Storm, der große norddeutsche Dichter, lebte.

Landschaft mit Lämmern

Husum liegt zwischen den Halbinseln Nordstrand und Eiderstedt. Auf Nordstrand wurde, so heißt es, das Friesengetränk »Pharisäer« geboren, und in der Region feiert man jährlich die Friesischen Lammtage mit Tanz und der Wahl einer Lammkönigin. Schafe zieren auch die Wiesen der Halbinsel Eiderstedt, eine besonders gut besuchte Ferienregion mit den Sandstränden von Sankt Peter-Ording, mit dem schönen Leuchtturm Westerhever und schmucken Dörfern, die einige Überraschungen bergen wie einen Kolonialwarenladen aus dem Jahr 1820. Sehenswert ist das an der Eidermündung gelegene Hafenstädtchen Tönning. An die Halbinsel Eiderstedt schließt sich der Landkreis Dithmarschen an, eine von Landwirtschaft geprägte Region mit Büsum als Hafenort und der Seehundeauffangstation Friedrichskoog, die auch Besuchern offensteht. Weit draußen in der Nordsee ragt Deutschlands einzige Hochseeinsel aus dem Meer: Helgoland mit seinen roten Klippen steuern Fähren etwa ab Wedel oder Cuxhaven an. Die zu Schleswig-Holstein gehörende Insel ist also von beiden Bundesländern aus zu erreichen, auch schon bei Tagesausflügen mit dem Speedboot.
Südlich der Elbmündung beginnt das Bundesland Niedersachsen, dessen Nordseeküste sich in Richtung Westen bis an die Grenze zu den Niederlanden erstreckt. Vor allem Ostfriesland mit den zugehörigen Inseln zieht hier viele Gäste an. Östlich davon sind mit Bremen und dem Schwesterort Bremerhaven, mit Cuxhaven und Wilhelmshaven gleich mehrere bedeutende Städte zu entdecken. Hafenflair, Marinegeschichte, ein reiches Kulturangebot und Strandleben zeichnen sie aus.

Viele bunte Drachen zieren im Sommer den Surferstrand von Sankt Peter-Ording in Nordfriesland.

Landgewinnung am Deich von Pellworm. Wie vielerorts an der Nordseeküste tragen die Schafe zur Landschaftspflege bei (oben). Der Kutterhafen von Greetsiel ist ein Schmuckstück in Ostfriesland (rechte Seite).

Siele und ostfriesische Meere

An der niedersächsischen Nordseeküste haben sich eigene Landschaften, Sitten und Gebräuche entwickelt. So pflegt man in Ostfriesland eine eigene Form der *Teetied*, eine besondere Teezeremomie, auch wenn das Heißgetränk genauso in Nordfriesland Tradition hat. Die ostfriesische Landschaft ist von Sielen geprägt, einem Netz aus Wasserstraßen, und den Moorseen der »Meere«. Für Kanuten und andere Wasserwanderer ergeben sich hier reizvolle Möglichkeiten – zu kombinieren auch mit herrlichen Radtouren. So sorgen vielerorts »Paddel- und Pedalstationen« für eine förderliche Infrastruktur.

Unmittelbar an der Küste reihen sich in Ostfriesland zahlreiche Sielorte aneinander.

Von Greetsiel bei Emden bis Hooksiel bei Wilhelmshaven sind sie zu finden und könnten unterschiedlicher kaum sein: Mal bezirzen malerische Kutterhäfen wie in Greetsiel, Neuharlingersiel und Carolinensiel, mal lockt ein großer Strand wie in Bensersiel. An der Jademündung ist das Wangerland eine beliebte Ferienregion mit Orten wie Horumersiel oder Hooksiel. Die Sielorte sind auch Fährhäfen zu den vorgelagerten Inseln: Borkum, Juist, Norderney, Baltrum, Langeoog, Spiekeroog und Wangerooge heißen die sieben bewohnten der Ostfriesischen Inseln von West nach Ost. Hinzu kommen die vier unbewohnten Inselchen Memmert, Lütje Hörn, Mellum und Minsener Oog. Das ostfriesische Festland bietet reichlich Kultur in Städten wie Emden, Norden, Aurich, Wittmund und Jever. So verstecken sich in den niedersächsischen Kirchen besonders viele historisch bedeutsame Orgeln und andere Kulturschätze.

GREETSIEL
GREETSIEL

Die Nordfriesischen Inseln, Halligen und Helgoland

Kleine Welten mit eigenem Charakter

Typisches Friesenhaus: Reetdach und Klöntür, deren oberer Teil sich zum »Klönen« öffnen lässt (oben). Austernfischer an der Sternodde auf Amrum (unten). Das Rote Kliff auf Sylt gehört zu den Wahrzeichen der Insel (links).

Auch die Wattenmeerseite von Sylt fasziniert (unten). Gleich mehrere Leuchttürme besitzt die Insel, so den Leuchtturm List-Ost auf dem Ellenbogen, der aussieht wie im Bilderbuch (rechts oben). Natürlich fehlen auch die Schafe nicht am Deich (rechts unten).

1 Ein fragiles Fleckchen Land – Sylt

Prominente Insel mit Naturwundern

Mit einer Fläche von fast 100 Quadratkilometern ist Sylt die größte deutsche Nordseeinsel. Und doch ist sie zerbrechlich, verändert ihr Gesicht bei jedem starken Sturm. Abseits des Strandtrubels beeindrucken unverwechselbare Landschaften wie die Lister Wanderdünen oder das Rote Kliff. In Dörfern wie Keitum mit dem Altfriesischen Haus lebt die Inselkultur auf.

Ganz im Norden bei List ist Sylt gerade einmal 320 Meter breit. Hier, am »Ellenbogen«, zeigt sich besonders eindrucksvoll, wie sich die Insel ständig verändert. Es liegt daran, dass ihr südlicher und nördlicher Nehrungshaken – die beiden Arme des großen »T«, das die Insel bildet –, ausschließlich aus abgelagertem Sand bestehen, der bei Stürmen abgetragen wird. So schrumpfen einige Stellen, andere wiederum wachsen durch Sandanlagerungen. Fest verankert ist allein die Mitte von Sylt: Sie ruht auf einem Geestkern, zu dem das Rote Kliff gehört.
Diese Steilküste ist eine der bekanntesten landschaftlichen Besonderheiten auf der Nordseeinsel.

Deutschlands Nord-Rekord

In ständiger Bewegung sind auch die Lister Wanderdünen. Sie schieben sich jährlich drei bis zehn Meter voran. Die in Deutschland einmaligen Naturkonstrukte erreichen bis zu 35 Meter Höhe. Sie befinden sich in einem geschützten Gebiet, das nur mit Sondergenehmigung betreten werden darf. Möglich ist dies bei Führungen, die das Erlebniszentrum Naturgewalten in List in Kooperation mit der Kurverwaltung anbietet. Ersteres lohnt ohnehin einen Besuch, denn dort gibt es Hintergründiges über das »Leben mit Naturgewalten« zu erfahren. Die auch für Kinder spannende, zum Mitmachen konzipierte Ausstellung geht unter anderem auf die Überlebensstrategien ein, die

In Westerland ist jede Menge los (oben). Auf Tuchfühlung mit den Nordseebewohnern: im Sylt Aquarium (rechts oben). Bei Wind und Wetter beliebt: Sylt ist ganzjährig ein Urlaubsziel (rechts unten).

Tiere und Pflanzen entwickelt haben, um Gezeiten, Sturm und Salz zu trotzen.
List auf Sylt ist der nördlichste bewohnte Fleck Deutschlands. Der Ort gehört deshalb dem »Zipfelbund« an, dessen weitere Mitglieder den westlichsten (Selfkant), südlichsten (Oberstdorf) und östlichsten (Görlitz) Punkt des Landes markieren. Der Verbund wurde anlässlich der Feierlichkeiten zum Tag der Deutschen Einheit 1999 ins Leben gerufen. Mit dem Zipfelpakt verpflichten sich die vier Gemeinden, den Austausch zu pflegen. Reisende können sich bei der Touristinformation einen Zipfelpass holen und den Besuch abstempeln lassen. Trotz dieses Alleinstellungsmerkmals ist List alles andere als eine überlaufene Touristenstadt. Mit Hafenflair vor der Kulisse der beiden Leuchttürme von 1852 und 1857, bei einem Fischbrötchen oder fangfrischen Sylter Austern genießt man das Inselgefühl. Neben Ausflugsschiffen startet hier auch die Fähre nach Havneby auf der dänischen Nachbarinsel Rømø, die übrigens auch ein schönes Ferienziel ist.

Der Sandstrand am Lister Ellenbogen gilt als einer der schönsten Strände Europas. Er ist jedoch etwas umständlich zu erreichen, und die Anfahrt per Pkw kostet Mautgebühren. Eine Alternative bietet der von Dünen gesäumte Weststrand mit Bereichen für Textil, FKK, Jugendliche und Hunde. Auf der Wattseite von List befindet sich der ruhigere, flache Oststrand mit Blick nach Dänemark.

Kampen: Schicke Meile, leuchtendes Kliff

Zehn Kilometer südlich von List liegt die Ortschaft, der Sylt seinen Ruf als Insel der Promis verdankt: Kampen war schon in den 1950er- und 1960er-Jahren der Treff der »Reichen und Schönen« und noch immer ist es das eleganteste Städtchen der Insel. Im Ortszentrum säumen Luxusboutiquen, noble Restaurants und Nachtclubs wie das legendäre »Pony« die Straßen – besonders den Strönwai, der als »Whiskymeile« weit über Sylts Grenzen hinaus bekannt ist. Reetgedeckte Häuser bewahren hier etwas von der Idylle vergangener Zeiten.

Selbst die Natur gibt sich bei Kampen extravaganter: Am Weststrand zieht sich das berühmte Rote Kliff hin, eine 30 Meter hohe Steilküste, die bei Sonnenuntergang zu glühen scheint. Für die Färbung des Kliffs sorgt rostroter Geschiebelehm, dessen eisenhaltige Bestandteile oxidieren. Im Süden beginnt es ungefähr auf der Höhe des Parkplatzes in der Straße Risgap in Wenningstedt. Den Abschluss markiert das Haus »Kliffende« an der Kampener Heide. Dort wurde einst Kulturprominenz wie der Schriftsteller Thomas Mann und der Maler Emil Nolde bewirtet. Das Haus steht fast direkt an der Abbruchkante und immer in Gefahr, ein Opfer der nächsten Sturmflut zu werden. Die Tradition, eine Heimat für Künstler und Literaten zu sein, wird in Kampen mit regelmäßigen Ausstellungen und Lesungen gepflegt.
Auf dem Roten Kliff befindet sich die Uwe-Düne, mit 52,5 Metern Sylts höchste Erhebung. Der Sylter Freiheitskämpfer Uwe Jens Lornsen (1793–1838) lieh ihr den Namen. Eine Treppe führt hinauf zu einer Aussichtsplattform.

Badespaß für die ganze Familie

Auf der hohen Geest zwischen Kampen und Wenningstedt steht der markante, schwarzweiße Leuchtturm von Kampen. Er ist 38 Meter hoch und wurde 1856 errichtet. Östlich davon erstreckt sich das landschaftlich besonders reizvolle Naturschutzgebiet Braderuper Heide. Ein weiterer Leuchtturm, elf Meter hoch und aus Backstein, markiert das Rote Kliff.
Wenningstedt-Braderup wiederum blickt auf fast 100 Jahre Tradition als Familienbad zurück, wie geschaffen für entspannte Ferien am langen Sandstrand. Die Dünenlandschaft lädt zu Spaziergängen ein. Nördlich der Kapelle von Wenningstedt bildet das größte begehbare Steinzeitgrab Schleswig-Holsteins ein Ausflugsziel: Der Denghoog ist für Besucher zugänglich. In der Grabkammer wurden Reste einer Leiche, ein Rinderzahn, Gefäße, Scherben, Beile, Flach- und Hohlmeißel sowie Bernsteinperlen gefunden. Diese Stücke sind im Museum Schloss Gottorf in Schleswig untergebracht. Kopien stellt das Sylter Heimatmuseum aus, das sich in der Ortschaft Keitum befindet.
Unmittelbar südlich von Wenningstedt beginnt das Siedlungsgebiet der Inselmetropole Westerland. Das 1855 gegründete Seebad wurde 1949 als Heilbad anerkannt. Die ehemals selbstständige Stadt ist nach Hörnum der

Eindrucksvolle Friesenhäuser chakakterisieren die Insel (unten). Reise in die Frühgeschichte: der Denhoog (ganz unten). Einmalig sind die Sylter Strandsaunen (rechte Seite).

jüngste Ort auf Sylt. Mit dem Boom des Tourismus ab den 1960er-Jahren entstanden große Apartmentblocks und Hotels. Heute zählt der zur Gemeinde Sylt als ihr Verwaltungssitz gehörende Ortsteil rund 9000 Einwohner. Am Strand ist immer etwas los, und auch kulturell wird einiges geboten, besonders in der sogenannten Musikmuschel, einer überdachten Konzertbühne an der Promenade. Die den Weststrand flankierende Flaniermeile zieht sich länger als sechs Kilometer hin und besteht seit mehr als 100 Jahren. Für Kurzweil bei jedem Wetter sorgen das Freizeitbad Sylter Welle und das Sylt Aquarium.

Westerland ist mit dem Nachbarort Tinnum verschmolzen, der ähnliche Beliebtheit bei Urlaubern jeglicher Couleur besitzt und zentral in der Inselmitte liegt, an der breitesten Stelle von Sylt. Hier misst die Insel fast 13 Kilometer: von Westerland im Westen bis zur Nössespitze bei Morsum im Osten. Von dort stellt der elf Kilometer lange Hindenburgdamm die Verbindung mit dem Festland her. Südwestlich der Ortschaft erhebt sich die Tinnumburg, ein kreisförmiger, acht Meter hoher Wall mit einem Durchmesser von 120 Metern. Sie wurde ungefähr im 1. Jahrhundert v. Chr. errichtet und diente wohl als heidnische Kultstätte oder Wehranlage. Zum Gemeindegebiet von Tinnum gehört außerdem der Flughafen von Sylt.

Altfriesische Nostalgie in Keitum

Ein ganz anderes Bild bietet sich nur einen Kilometer weiter östlich in Keitum, einer der ältesten Siedlungen der Insel. Noch bis ins späte 19. Jahrhundert war dies ihr Hauptort. Es reihen sich historische Kapitänshäuser aneinander, gerahmt von traditionellen Friesenwällen, uralten Bäumen und malerischen Gärten. Viele der reetgedeckten Häuser stammen aus dem 18. Jahrhundert, als der Walfang noch die Haupterwerbsquelle der Sylter darstellte. Mittendrin behauptet sich die St.-Severin-Kirche aus dem frühen 13. Jahrhundert. Sehenswert sind außerdem das Altfriesische Haus und das Sylter Heimatmuseum – beide entführen in die Inselgeschichte vor der Zeit des Tourismus. Das Altfriesische Haus zeigt die Sylter Wohn- und Lebenskultur des 18. Jahrhunderts auf lebendige Weise. Es ist das wohl letzte Friesenhaus auf Sylt, das noch im Originalzustand steht. Um das Jahr 1737 errichtet, wird es seit 1907 als Museum betrieben. Erhalten geblieben sind neben der ursprünglichen Bausubstanz auch typische Möbel und die Ausstat-

tung, etwa der in die Wand eingelassene Alkoven mit Bettkasten, die Rauchküche mit offenem Herd und Feuerstelle für den in der *Kööv* (auch: *Döns*) platzierten Ofen.
Direkt am Watt gelegen, lädt Keitum mit seinen Gassen und der heimeligen Atmosphäre zum entspannten Bummeln ein. Kleine Boutiquen und urige Teestuben haben in einigen der alten Häuser geöffnet, Restaurants bieten friesische Küche, Galerien präsentieren Werke einheimischer und internationaler Künstler. Ein Kleinod ist das Feuerwehrmuseum im ehemaligen Spritzenhaus, direkt gegenüber der Feuerwache.

Morsum und der schmale Sylter Süden

Ganz im Osten der Insel liegt Morsum an der 1,8 Kilometer langen und bis zu 21 Meter hohen Steilküste in der Heidelandschaft. Der geologische Aufbau des Morsum-Kliffs, der Einblicke in fünf Millionen Jahre Erdgeschichte gewährt, gilt als einmalig in Europa. Zwischen Keitum und Morsum ist Archsum zu finden. Das alte Friesendorf, eingebettet in die sattgrüne Landschaft, wirkt wie ein Ruhepol. Hier sind auch Zeugnisse der Steinzeit zu entdecken wie das rund 5000 Jahre alte Ganggrab Merelmerskhoog am Nössedeich oder die Hünenbetten von Archsum.

Südlich von Westerland erstreckt sich die Insel als schmaler Nehrungshaken über eine Länge von 15 Kilometern parallel zum Festland. Dort, wo der Gezeitenstrom des »Hörnumtiefs« aus dem Wattgebiet kommt, befindet sich die Ortschaft Rantum. Wie kaum ein anderes Dorf auf Sylt kämpft es seit Jahrhunderten gegen die fortschreitende Versandung an. Schon einige Höfe und eine Kirche mussten den damals noch unbefestigten Wanderdünen weichen, die sich allmählich Richtung Osten bewegten. Diese Gefahr konnte gebannt werden, indem man Strandhafer anpflanzte. Den Nehrungshaken prägt vor allem der durch den Westwind aufgebaute Dünenwall. Hier sind sich offene Nordsee und Wattenmeer ganz nah, sodass Spaziergänge besondere Perspektiven bieten. Von ständigen Sandverlusten ist die Südspitze der Insel gezeichnet, die sogenannte »Odde«. Jahr für Jahr werden große Teile der Dünenlandschaft durch Sturmfluten und Gezeiten abgetragen. Hörnum schließlich, am untersten Zipfel von Sylt, gilt als der jüngste Ort der Insel. Er wurde erst nach 1900 dauerhaft besiedelt, in der Umgebung befindet sich auch der Sylter Golfplatz. Hörnum hat einen eigenen Leuchtturm mit Aussichtsplattform. Bei einem Blick über das Meer ist im Süden schon die Nachbarinsel Amrum zu sehen.

STRANDSAUNA AUF SYLT

Aufgüsse mit Meerblick, die Nordsee als riesiges Kalttauchbecken und anschließend relaxen im Strandkorb – Saunen auf Sylt bedeutet naturnahes Schwitzen. Gleich fünf Möglichkeiten gibt es am langen Sylter Weststrand. Ganz im Norden in List bietet das Listland finnische Blockhaussaunen in einem Dünental; bei den Aufgüssen kommen auch echte Birkenzweige zum Einsatz. Im schicken Kampen versteckt sich die Strandsauna La Grande Plage im gleichnamigen Bistro-Häuschen direkt hinter dem Roten Kliff. Der Sylter Süden hat drei Saunen, zunächst die Strandsauna Rantum beim Campingplatz zu Füßen der Düne. Hier werden auch Specials wie die Vollmondsauna angeboten. Nicht weit davon gehört die rollende Sauna zum Samoa-Strand, ein fahrbares Saunablockhaus inklusive römischem Dampfbad. In den Dünen von Hörnum steht die erste auf Sylt errichtete Strandsauna, zu der inzwischen auch eine Biosauna mit Licht und Klang gehört.

WEITERE INFORMATIONEN

Listland: www.strandsauna-list-auf-sylt.de

Seit 160 Jahren ist der Leuchtturm Kampen nahe der Uwe-Düne Landmarke und Seezeichen von Sylt.

Schauen und staunen: am Kniepsand, einem der größten Strände Europas (oben). Pittoreske Reetdachkaten prägen die Inseldörfer (rechts oben). Der Strand ist so riesig, dass für jeden reichlich Platz bleibt (rechts unten).

2 Friesenkultur und Freiheitsgefühle – Amrum

Ein Strand, fast so groß wie die Insel selbst

Das 20 Kilometer entfernte Festland, ja, den Rest der Welt einfach komplett vergessen. Durchatmen in einer Landschaft aus fast grenzenlosem Strand, Dünen, Wald, Heide und Wiesen. Besondere Inselmerkmale entdecken wie das Öömrang Hüs, den »Sprechenden Friedhof« und den bilderbuchschönen Leuchtturm – Sylts südliche Nachbarinsel Amrum hat ihren eigenen Charakter bewahrt.

Strand und Dünen, wohin man schaut: Ungefähr die gesamte Westhälfte von Amrum ist Natur pur. Mit dem Kniepsand hat die Insel einen der breitesten und schönsten Sandstrände Europas. Er ist 15 Kilometer lang und bis zu 1,5 Kilometer breit, nimmt damit tatsächlich fast die Hälfte Amrums ein. Rein geologisch gesehen gehört der Strand allerdings nicht zur Insel, sondern er ist ihr nur als Saum vorgelagert. Davon bemerken Besucher heute nichts mehr, denn der Kniepsand geht unmittelbar in die Dünenlandschaft der Westküste über. Das war noch in den 1960er-Jahren anders, als ein Wasserlauf, ein Priel, den Strand von Amrum trennte. Nach Prognosen von Experten wird er in den kommenden Jahrzehnten noch weiter um die Amrumer Odde – die Nordspitze – wandern.

Spaziergänge in den Dünen

Auf dem Holzweg zu sein, bedeutet auf Amrum keineswegs, sich getäuscht zu haben. Vielmehr ermöglichen die Bohlenpfade mühelose Spaziergänge durch die geschützte Dünenlandschaft. Oftmals führen die Plankenwege von den Ortschaften oder der Inselstraße direkt zum Kniepsand. Doch es lohnt sich auch, ihnen parallel zur Küste zu folgen. So gelangt man zum Dünensee Wriakhörn, einem Süßwassersee, an dem viele Vögel zu beobachten sind. Insgesamt breitet sich das Dünengebiet über 700 Hektar Fläche aus, es besteht aus ver-

135

Durch die Dünenlandschaft führen idyllische Wege zum Strand (unten). Den Amrumer Leuchtturm kann man besichtigen (ganz unten). Das Wahrzeichen der Insel thront auf einer Düne (rechts).

schiedenen Dünentypen und feuchten Dünentälern. Ihre große botanische Vielfalt und die Besonderheiten der Pflanzen werden bei Führungen der Schutzstation Wattenmeer erläutert.
Amrums Wahrzeichen, der 1875 errichtete Leuchtturm, krönt die Dünenlandschaft. Rotweiß geringelt sieht er aus wie dem Bilderbuch entsprungen. Grandios ist auch die Aussicht, die sich von seiner Plattform bietet, denn zusammen mit der Düne, auf der er steht, erreicht der Turm eine Höhe von fast 68 Metern. In den Dünen zwischen Wittdün und dem Leuchtturm gibt es in herrlicher Lage einen Campingplatz. Ein weiterer, für FKK vorbehalten, hat 2016 geschlossen.

Zwischen Watt und Waterkant

Die Fähre, die Besucher nach Amrum bringt, legt in Wittdün an. Das Nordseeheilbad an der Südspitze der Insel ist daher auch am stärksten vom Tourismus geprägt. Im Hafen starten viele Ausflugsboote etwa zu den Seehundbänken. Nördlich der Fahrrinne erstreckt sich das bei Ebbe teils das trockenfallende Wattenmeer, und gegenüber ist die Insel Föhr zu erkennen. Während auf dieser Seite Wattwanderungen zu den bevorzugten Aktivitäten zählen, so breitet sich an Amrums Westküste der Strand in Richtung der offenen Nordsee aus, die hier auch hohe Wellen schlagen kann. Für Wellness und Badespaß bei jedem Wetter gibt es in Wittdün das AmrumSpa und das Amrum-Badeland.
Von Wittdün aus sind es über die Inselstraße fünf Kilometer bis Nebel. Das Friesendorf in der Inselmitte bezaubert mit Reetdachhäusern, gemütlichen Cafés und Restaurants und kleinen Läden. Besonders sehenswert ist das Öömrang Hüs, so benannt nach dem friesischen Inseldialekt Öömrang. In dem Friesenhaus aus dem 18. Jahrhundert sind mehrere Räume zu besichtigen, unter anderem die Wohnstube mit dem gusseisernen Beilegerofen, einem sogenannten »Bilegger« von 1681, vor einer Kachelwand, die ein »Schmackschiff« zeigt. Dem Kapitän des Küstenseglers gehörte einst das Haus. Zwei kurze Alkovenbetten erinnern daran, dass die Stube auch als Schlafraum genutzt wurde. Das historische Kulturdenkmal präsentiert außerdem jährlich wechselnde Ausstellungen.
Den Mittelpunkt des Dorfes bildet die weiße St.-Clemens-Kirche aus dem 13. Jahrhundert, umgeben von einem »Sprechenden Friedhof«.

Er wird so genannt, weil auf den Grabsteinen die Geschichten der hier beerdigten Seeleute stehen. Halbreliefs mit den Darstellungen von Stürmen und Schiffsunglücken untermalen die Schilderungen. Sehenswert ist auch die Windmühle auf dem hohen Geesthügel des Dorfes, die ein weiteres Heimatmuseum beherbergt.

Naturerlebnisraum Vogelkoje

Ein schöner Spaziergang führt zu einem anderen lohnenden Platz: der Vogelkoje Meerarm, eine ehemalige Fanganlage für Wildenten. Ursprünglich wurden die Vögel in die mit Netzen überspannten Seitenarme des Kojenteichs gelockt. So fing man im Zeitraum von 1866 bis 1936 fast 500 000 Wildenten. Inzwischen aber landen hier längst keine Vögel mehr in den Reusen, vielmehr stellt das Gelände nun ein wertvolles Brut- und Rastgebiet für viele Vogelarten dar, unter anderem für die Graugans. Seit 2011 ist die Vogelkoje zum »Naturerlebnisraum« gestaltet. Ein Bohlenweg führt vorbei an Infostationen. So erfahren die Besucher mehr über das Fangsystem, die künstliche Teichanlage und die Jagdmethoden von »Kojenmann« und »Kojenhund«. In den Erlebnisraum einbezogen wurden außerdem archäologische Fundstätten der nahen Umgebung. Ein Kinderspielplatz und ein Damwildgehege bereichern das Ausflugsziel.
Über die Funktion des »Kojenmanns« – der Person, die seinerzeit für die Fanganlage zuständig war – berichtet eine Ausstellung im Naturzentrum Norddorf. Wie es der Name nahelegt, handelt es sich um die nördlichste Gemeinde auf Amrum. Das Naturzentrum liegt am Ortseingang, knapp vier Kilometer von der Vogelkoje entfernt.

Norddorf und die Amrumer Odde

Rund um Norddorf kann man noch mehr über Vögel erfahren. Die Amrumer Odde, also die Nordspitze der Insel, ist ein Natur- und Vogelschutzgebiet, das ein Vogelwart des Vereins Jordsand in der Brutzeit betreut und bewacht. Besucher können es bei Führungen durchstreifen. Amrum zählt zum Hauptbrutgebiet der Eiderente. Außerdem bauen sich beispielsweise Austernfischer, Brandgänse, Küstenseeschwalben und verschiedene Möwenarten am Strand, in den Dünen oder am Wattenmeer ihre Nester. Hinzu kommen während der Zeit des Vogelzugs riesige Schwärme von gefiederten Gästen wie Knutt, Ringelgans oder Sanderling. Von der Odde aus starten auch die geführten Wattwanderungen nach Föhr, denn hier ist der Weg zur Nachbarinsel am kürzesten. Auch Norddorf selbst lohnt den Besuch. Es vereinen sich der alte Ortskern nahe dem Wattenmeer und ein modernerer Teil im Westen. Hier geht es über einen Fuß- und Radweg direkt an den Badestrand, die nördliche Verlängerung des Kniepsand, dem man von hier aus bis ans Südende der Insel folgen kann.

DURCH DAS WATT NACH FÖHR

Von Insel zu Insel laufen: Das geht nur im Wattenmeer und ist selbst dort etwas Besonderes. Die Tour von der Amrumer Odde nach Dunsum auf Föhr gilt als die »Perle unter den Wattwanderungen«. Für die rund acht Kilometer lange Strecke benötigt man drei bis vier Stunden; dabei sind auch einige seichte Priele und das »Mittelloch« vor Amrum zu durchwaten. Den Rücktransport übernimmt die Fähre. Die Tour mit einem Wattführer findet nur bei guten Witterungsbedingungen statt. Der Guide kann die Lage am besten einschätzen und weiß viel Interessantes über den besonderen Lebensraum zu berichten. Ohnehin lautet der dringende Rat: Immer, auch bei kürzeren Wanderungen, nur mit einem ortskundigen Wattführer laufen. Die Kraft und Schnelligkeit des Wassers wird oft unterschätzt. Dann kann der Ausflug lebensgefährlich werden. Der Start der fast täglich angebotenen Wattwanderungen ist gezeitenabhängig. Die genauen Termine und Preise gibt es bei den Touristinformationen der Inseln, im Veranstaltungskalender auf den jeweiligen Homepages oder direkt bei den Wattführern.

WEITERE INFORMATIONEN

Amrums Nationalpark-Wattführer Dark Blome: www.der-inselläufer.de
Wattführer Reinhard Boyens: www.wattwandern-amrum.de
Info: www.amrum.de, www.amrum-news.de

Bezaubernd sind die Friesendörfer auf der Insel Föhrr, hier Nieblum.

3 Dorfleben, von Meer umgeben – Föhr

Eine grüne Insel im Wattenmeer

Auf Föhr ist der Kontrast besonders groß: Nahe dem Strand eröffnet sich eine bäuerliche Landschaft, wie man sie auch auf dem Festland finden könnte. Mit dem Unterschied, dass inseltypische Friesendörfer sie bestücken, angereichert mit Künstlercafés, Windmühlen und noch einigen anderen Überraschungen.

Urlaub auf Föhr zu machen bedeutet vor allem auch, in das Dorfleben einzutauchen. Das Erste aber, was mit der Fähre ankommende Besucher von der Insel sehen, ist ein schmuckes Hafenstädtchen: Wyk auf Föhr bringt es auf gut 4000 Einwohner und steht bei Urlaubern hoch im Kurs. Zwischen viel Baumgrün liegen die Gebäude des 1819 gegründeten Seebads, das seit 1950 den Titel Nordseeheilbad trägt. Mittendrin erhebt sich der Turm der romanischen Kirche St. Nicolai aus dem 13. Jahrhundert im Ortsteil Boldixum. Den mit bunten Strandkörben getupften Südstrand begleitet die Promenade Sandwall, die Aussicht auf die Welt der Halligen bietet. Schon König Christian VIII. von Dänemark soll daran Gefallen gefunden haben.

Das ganze Jahr über kommen Gäste nach Wyk, viele auch wegen des Kurzentrums mit dem Aquaföhr. Ganz in der Nähe lässt sich Inselgeschichte hautnah erleben: Ein Tor aus den mächtigen Kieferknochen eines Blauwals führt auf das Freiluftgelände des Dr.-Carl-Häberlin-Friesen-Museums. Höhepunkt der kulturgeschichtlichen Sammlung in den Innenräumen ist die Walfang- und Seefahrtsabteilung.
Nur fünf Kilometer trennen Wyk von Nieblum, das als schönstes Friesendorf der Insel gilt. Eine Reetdachidylle mit weißblauen und roten Kapitänshäusern, kopfsteingepflasterten Sträßchen, blühenden Gärten und Lindenalleen. Die kleinen Läden, Lokale und Souvenirshops, die heute in vielen Häusern untergebracht sind, fügen sich harmonisch ins Bild ein.

Ein Kunstwerk ist schon das reetgedeckte Museumsgebäude selbst

4 Föhr – Museum Kunst der Westküste

Hochkarätige Kultur in Alkersum

Unter Kunstkennern hat es sich längst herumgesprochen: Mitten im Wattenmeer, im kleinen Alkersum auf Föhr, gibt es ein Museum, das auch eine weite Anreise lohnt. Die präsentierten Werke sind hier sozusagen zu Hause. Es geht um die Lebenswelten der Westküste und andere Themen des Meeres.

Das Museum zeigt die Kunst der Westküste des 19. bis 21. Jahrhunderts, darunter Werke von Größen wie Emil Nolde, Edvard Munch und Max Liebermann. Den baulichen Rahmen bildet ein preisgekrönter Museumskomplex der Architekten Sunder-Plassmann. Auch die Art der Ausstellungspräsentation sticht hervor: Immer wieder vereinen sich Malerei und Grafik mit groß geplotteten Wandzitaten aus der Literatur und zeitgenössischer internationaler Kunst. Da überziehen auch mal Tausende von schwarzen Papierfaltern der Installation *Black Cloud* von Carlos Amorales die Wände, kleben geradezu inmitten der Werke der berühmten Skagener Künstler Michael Ancher, Peder Severin Krøyer oder Laurits Tuxen an den Ausstellungsflächen.

Das Museum zeigt jährlich bis zu acht Wechselausstellungen, die sich – von der Romantik bis zur Gegenwartskunst – um die Themen Meer, Wasser, Küstenleben, Natur und Reise drehen, mal mit regionalem, mal mit weltweitem Bezug. Auch neue Medien wie Video-, Performance-, Installationskunst und Fotografie sind vertreten. Mit kindgerechten Workshops und dem von der Bühnenbildnerin Birgit Angele gestalteten Blau-Raum richtet sich das Museum Kunst der Westküste speziell an junge Besucher. Und selbst Menschen, die mit Kultur wenig anfangen können, werden spätestens in Grethjens Gasthof schwach: Das zum Museum gehörende Restaurant und Café lockt mit feinen Speisen.

INFO: www.mkdw.de

So schön kann ein Sonnentag auf Föhr, hier am Sandstrand von Utersum, auch schon im Frühjahr oder noch im Herbst sein.

5 Ebbe und Flut – UNESCO-Weltnaturerbe Wattenmeer

Landschaft im Einklang mit den Gezeiten

Ein Meer, das schäumend heranrauscht, um nur wenige Stunden später scheinbar spurlos zu verschwinden. So geht es seit Jahrmillionen, im täglich wiederkehrenden Rhythmus. Auch wenn die schier endlose Fläche, die sich bei Ebbe zeigt, auf den ersten Blick wie eine feuchte Einöde aussieht: Spätestens bei einer Wattwanderung verfällt jeder dem Reiz dieses besonderen Meeres. Und Flut bedeutet pures Badevergnügen.

Die Gezeiten, auch Tiden genannt, das stete Wechselspiel von Ebbe und Flut, machen die Nordseeküste zu etwas Einmaligem: Wenn das Wasser zurückweicht, kann man auf dem Meeresgrund spazieren gehen, ohne dafür eine Tauchausrüstung anlegen zu müssen. In wenigen Stunden zeigt die Nordsee dann ihre besonderen Schätze. Und das Meer ist natürlich auch bei Ebbe noch vorhanden. Irgendwo am Horizont wartet es darauf, schon bald wieder zurückzukehren, die Wasserläufe der Priele zu füllen, die immer breiter werden und schließlich die ganze Fläche wieder bedecken.

Im Rhythmus der Gezeiten

Den Höhenunterschied zwischen Hochwasser und Niedrigwasser bezeichnet man als Tidenhub. Er schwankt an der deutschen Nordseeküste zwischen rund zwei Metern (z.B. auf der Insel Borkum) und etwa dreieinhalb Metern (in Bremerhaven). Zweimal täglich herrscht Flut und zweimal täglich zieht sich das Meer bei Ebbe wieder zurück, angetrieben von der Kraft des Mondes. Ebbe und Flut treten in beständigem Wechsel auf, dauern zusammen zwölf Stunden und 24 Minuten. Also verschieben sich die Gezeiten täglich um 48 Minuten.

Auf den Seehundbänken finden die Tiere Rückzugsmöglichkeiten (unten). Im Nationalpark ist auf die ausgewiesenen Schutzzonen zu achten (rechts oben). Im Frühjahr und Herbst kann man einsame Spaziergänge an der Küste genießen (rechts unten).

Nationalpark
Schleswig-
Holsteinisches
Wattenmeer
Nationalpark
Schleswig-Holsteinisches
Wattenmeer
Liebe Besucherin, lieber Besucher,
das schleswig-holsteinische Wattenmeer wird als
Nationalpark besonders geschützt. Der Nationalpark
beginnt 150 Meter seeseitig von der Mitteltide-
hochwasserlinie. Viele seltene und gefährdete Pflanzen
und Tiere haben hier ihren Lebensraum.
Bitte helfen Sie mit, diese Landschaft zu erhalten und
vermeiden Sie Störungen der Natur. Beachten Sie bitte
weitere Hinweisschilder, denn nicht alle Gebiete dürfen
betreten werden.
Wir wünschen Ihnen einen erholsamen Aufenthalt.
Ihr Nationalparkamt

Nur scheinbar eine öde Fläche: Hier tummeln sich zahlreiche Lebewesen (oben). Die unterschiedlichsten Formen gibt das Watt preis (rechts oben). Auch die vielfarbigen Muscheln und andere Seetiere bereichern das Bild (rechts unten).

Gezeitentabellen mit dem aktuellen Stand von Ebbe und Flut bekommt man vor Ort, denn die Werte variieren auch je nach Region. Geradezu kunstvoll präsentiert sich das Wattenmeer auf Luftaufnahmen mit seinem Geflecht der Priele, Schlick- und Sandflächen. Genauso fasziniert der Blick aus der Nähe. Wer ein Auge für Details hat, sieht die Schönheit des gewellten Sandwatts, entdeckt die Vielfalt der Muscheln, Schnecken und anderen Bewohner dieses Lebensraums.

Von Sylt bis Emden

Das Wattenmeer erstreckt sich entlang der gesamten Nordseeküste Schleswig-Holsteins und Niedersachsens. Von dort setzt es sich jeweils an der dänischen und niederländischen Küste fort. Große Teile, auch die meisten Inseln und Halligen, gehören zu Nord- und Ostfriesland. Zwischen dem Festland und den äußeren Inseln liegt der Tidebereich, also die Zone, in der Ebbe und Flut sich besonders bemerkbar machen. Zur offenen Nordsee hin beginnt der sogenannte Offshore-Bereich mit tieferem Wasser. Auf vielen Inseln liegen hier weitläufige Sandstrände mit einer Brandung, die auch höhere Wellen schlagen kann. Die dem Festland zugewandte Inselseite wiederum bietet – genauso wie die Festlandküste – meist Strände, an denen bei Ebbe ganze Flächen »trocken« – fallen; feucht oder nass ist der Boden natürlich trotzdem. Sie sind dann meist auch der Startpunkt für Wattwanderungen.
Als eines der weltweit größten gezeitenabhängigen Feuchtbiotope beherbergt das Wattenmeer eine außerordentlich große Artenvielfalt. Neben den Wattflächen umfasst es Lebensräume wie die Salzwiesen, Marschflächen, Dünen und Sandbänke. Allein in den Salzwiesen leben 250 Tierarten und Ökotypen, die in keinem anderen Gebiet der Erde zu finden sind. Aufgrund seiner Einmaligkeit wurde das Wattenmeer, dessen Regionen bereits 1992 als Biosphärenreservate anerkannt worden waren, im Juni 2009 zum Weltnaturerbe der UNESCO ernannt. Diese Anerkennung erhalten nur Gebiete von außergewöhnlichem universellem Wert. So steht dieser Teil der Nordsee auf einer Stufe mit weltbekannten Naturwundern wie dem Grand Canyon, der Serengeti und den Galapagos-Inseln.

Schutzstationen informieren

Die drei Anrainerstaaten Deutschland, Dänemark und die Niederlande haben jeweils ihren Anteil am Wattenmeer unter Schutz gestellt.

Dazu gründeten die Bundesländer Schleswig-Holstein, Niedersachsen und Hamburg von 1985 bis 1990 jeweils einen eigenen Nationalpark. Die entsprechenden Nationalparkverwaltungen und ihre Schutzstationen informieren im Internet und vor Ort über Aktivitäten, Flora und Fauna. Besucher können etwa an Wattwanderungen oder Workshops teilnehmen; einige Schutzstationen (z.B. im Leuchtturm Westerhever) präsentieren auch Ausstellungen.
Die Bewohner des Wattenmeers besitzen besondere Fähigkeiten. Sie müssen schließlich im Wasser genauso überleben wie auf der trockenfallenden Fläche. Die in der Gezeitenzone vorkommenden Tiere und Organismen sind also in erster Linie anpassungsfähig. Dazu haben sie eigene Strategien entwickelt. Küstenbereiche, die Sand- und Schlickböden prägen, speichern während der Ebbe einen Teil des Meerwassers und sichern damit vielen Tieren das Überleben, etwa indem diese sich im Boden eingraben.
Im Wattenmeer tummeln sich zahlreiche Organismen wie Würmer, Muscheln, Schnecken und Krebse. In den Wasserläufen der Priele leben kleine Fische. Davon wiederum profitieren die gefiederten Bewohner und Gäste: Neben vielen Brutvögeln nutzen rund zehn Millionen Zugvögel das Wattenmeer, besonders Watvögel, Gänse und Enten. Für aus der Arktis »anreisende« Vögel wie Knutt und Ringelgans ist das Watt der wichtigste Landeplatz auf dem Ostatlantischen Zugweg nach Südafrika.

Den Small Five auf der Spur

Früher oder später entdeckt jeder im Wattboden die Small Five. Die »kleinen Fünf« sind die fünf bedeutendsten Tiere des Wattenmeeres: der Wattwurm (*Arenicola marina*), die Gemeine Herzmuschel (*Cerastoderma edule*), die Gemeine Strandkrabbe (*Carcinus maenas*), die Gemeine Wattschnecke (*Hydrobia ulvae*) und die Nordseegarnele (*Crangon crangon*). Die Small Five spielen eine wesentliche Rolle im ökologischen Gefüge dieses Lebensraumes. Sie fressen Plankton und Algen, die im Wasser und auf dem Watt vorkommen und dienen selbst wiederum als Nahrung für Vögel und Fische.
Übrigens: Krabben sind genau genommen die Tiere mit den Scheren, die man auch als Krebse bezeichnet. Auf die an der Nordseeküste allgegenwärtigen Krabbenbrötchen hingegen kommen Nordseegarnelen, die schmalen Tierchen mit dem langen Schwanz. Diese Delikatesse gibt es hier in vielen Häfen.

Wenn sich die untergehende Sonne im Watt spiegelt, sind es unvergessliche Momente (unten). Einige Strände scheinen fast unberührt (rechte Seite oben).

Dennoch hat es sich eingebürgert, diese Krebschen Nordseekrabben zu nennen.

Erlebnis Wattwandern

Es gehört unbedingt zu einem Nordseeurlaub, einmal eine Wattwanderung zu unternehmen oder zumindest ein Stück weit ins Watt hinaus zu laufen. Besonders schön – und wohltuend – ist es barfuß, wenn man das kühle Schlickwatt oder die Rillen des festeren Sandwatts unter den Fußsohlen spürt. Sobald die Temperaturen zu niedrig liegen, sind natürlich Gummistiefel oder Neoprenschuhe angesagt. Und noch etwas ist unbedingt zu beachten: Immer mit einem ortskundigen Wattführer laufen! Denn das Wattenmeer und die Witterung werden oft unterschätzt. Dann kann auf einmal Lebensgefahr drohen. Falls zum Beispiel plötzlich Nebel auftritt, der die Orientierung erschwert oder unmöglich macht. Vor allem aber füllen sich bei auflaufendem Wasser die Priele, die kleinen Flüsse im Watt, die dann immer tiefer werden und auch Strömungen bilden. Dies kann sehr schnell gehen, sodass plötzlich Wasserflächen da sind, wo kurz zuvor alles begehbar schien. Sie können einem den Weg zurück zum Strand abschneiden, wenn man nicht rechtzeitig zurückkehrt. Die Wattführer hingegen kennen ihr Revier und wissen außerdem viel über den Lebensraum und seine Bewohner zu erzählen.
In unmittelbarer Strandnähe auf eigene Faust ein wenig herumzuspazieren stellt normalerweise kein Risiko dar, sofern alle Regeln beachtet werden. So sollte der Abstecher ins Watt stets bei ablaufendem Wasser, also Ebbe, stattfinden. Das wiederkehrende Meer und die Priele sollte man dabei immer im Auge behalten. Am sichersten ist es, parallel zum und nah am Ufer zu laufen und sich zum Strand zurückzubegeben, bevor sich Priele zwischen Watt und Land bilden.
Eine längere Wanderung mit einem Wattführer ist ein besonderes Erlebnis. Entsprechende Touren starten auf den Inseln und auch ab dem Festland an vielen Orten – Holstein etwa ab Büsum, Wesselburen und Sankt Peter-Ording, in Niedersachsen beispielsweise ab Norden-Norddeich, Neßmersiel oder Schillig. Oft sind Specials möglich wie Winterwattwandern in der schützenden Wathose, Hunde-Wattwanderungen oder Watt-Erkundungen, also kurze Touren, bei denen das Beobachten im Vordergrund steht. Ein beonderes Vergnügen ist auch die Fahrt mit dem Wattwagen, etwa zur Insel Neuwerk oder zur Hallig Südfall.

Zwischen Meer und Land: die Salzwiesen

Zum Wattenmeer gehören auch besondere Uferlandschaften. Den Übergang von Meer und Land bilden die Salzwiesen. Dieser Lebensraum liegt nur knapp über dem mittleren Hochwasserstand. Er wird daher jährlich zehn bis 250 Mal von Salzwasser überflutet. Dabei bringt jede Flut Schwebteilchen in das ufernahe Watt. Während des Hochwassers sinkt feines Material ab, das schließlich eine Schlickschicht bildet. Dieser Schlick wiederum landet immer höher an, sodass sich der sogenannte Queller als Pionierpflanze ansiedeln kann. So wächst das Land vor dem Deich ganz allmählich immer höher, durchschnittlich einen Zentimeter jährlich, bis es irgendwann nicht mehr von jedem täglichen Hochwasser überflutet wird. Dann können weitere Pflanzen Fuß fassen. Sie müssen es bei etwaigen Sturmfluten jedoch durchaus verkraften, zeitweise im Meer zu versinken.

Obwohl die Lebensbedingungen extrem sind und die Salzwiesen nur vergleichsweise kleine Flächen einnehmen, findet man hier einen beeindruckenden Artenreichtum. Neben zahlreichen Pflanzen kommen rund 50 Vogelarten vor, die in den Salzwiesen rasten, brüten und Nahrung finden. Mehr als 100 000 Brutpaguerare werden im gesamten Nationalpark Wattenmeer jährlich gezählt. Außerdem leben fast 2000 Arten von Insekten hier – darunter rund 800 endemische Arten, also solche, die nirgendwo sonst auf der Welt existieren. Mit Anpassungsstrategien haben sie diesen Lebensraum erobert.

An der schleswig-holsteinischen Nordseeküste befinden sich mehr als 10 000 Hektar Salzwiesen vor den Deichen und auf den Halligen. In Niedersachsen sind es rund 8400 Hektar vor den Küstendeichen und an den Südseiten der Inseln. Hinzu kommen circa 1650 Hektar Sommerpolder und 230 Hektar Röhricht. Sommerpolder, auch Sommerkoog, lautet der Begriff für das Deichvorland, das nur ein flacher Sommerdeich schützt.

Unverzichtbar: Deiche und Schafe

Die Deiche gehören zur Nordseeküste wie Leuchttürme und Möwen und genauso ihre grasenden Bewohner. Kein Wunder also, dass das Schaf hier auch liebevoll als Deichschwein bezeichnet wird. Als Landschaftspfleger ist es unentbehrlich, denn es »mäht« das Gras auf den Deichen und sorgt für eine natürliche Düngung. Dabei tritt es den Marschboden schön fest, stopft nebenbei auch Löcher von Maulwürfen oder Wühlmäusen. So trägt das Schaf zur Stabilität des Deichs bei.

Typisch für das Wattenmeer sind außerdem die »grünen« Strände mit Liegeflächen aus Gras. Man findet sie zum Beispiel in Büsum, in Wilhelmshaven und auf Pellworm, einer komplett grünen Insel. An vielen Orten gibt es sie genauso wie Sand- und Dünenstrände.

FAHRT MIT DEM WATTKARREN

An einigen Orten der Nordseeküste starten nicht nur Wattwanderungen, sondern Gäste können stattdessen auch in eine Kutsche steigen, den sogenannten Wattkarren oder auch Wattwagen. Die Fahrt ist ein besonderes Vergnügen und bietet sich an, wenn man nicht so weit laufen kann oder möchte, etwa wenn kleine Kinder mit von der Partie sind. So lassen sich auch Touren zu Halligen oder Inseln bewältigen. Eine schöne Variante für alle, die eine längere Strecke schaffen, ist der Hinweg zu Fuß und die Rückreise mit dem Wattkarren – oder andersherum. Als Klassiker gelten in Schleswig-Holstein die Fahrt von Nordstrand zur Hallig Südfall und in Niedersachsen die Tour von Cuxhaven zur Insel Neuwerk, die wiederum zu Hamburg gehört. Eine Anmeldung ist in der Regel sinnvoll und wird teils auch verlangt, da Plätze nur begrenzt zur Verfügung stehen.

WEITERE INFORMATIONEN

www.nordstrand.de,
www.wattwagen-cux.de
www.nationalpark-wattenmeer.de
www.multimar-wattforum.de
www.wattbz.cuxhaven.de

Schöner Kontrast: der Leuchtturm von Pellworm (oben). Die Insel ist von Dorfleben und Landwirtschaft geprägt (rechte Seite unten).

6 Grün, so weit das Auge reicht – Pellworm

Eine Insel, die anders ist als die anderen

Saftige Marschlandschaften, Weiden, Wiesen und Windräder. Ein grasbewachsener Seedeich, der das fast kreisrunde Fleckchen Land umrahmt. Anstelle von Sand und Dünen locken hier grüne Strände. Pellworm unterscheidet sich recht deutlich von seinen nordfriesischen Schwestern. Obendrein versorgt die Insel sich selbst auf innovative Weise mit Strom.

Pellworm, eine der an Sonnenschein reichsten Regionen in Deutschland, erzeugt jährlich 22,5 Millionen Kilowattstunden aus regenerativen Energiequellen, also Wind, Sonne und Biomasse. Das ist ungefähr doppelt so viel, wie die Insel für die eigene Stromversorgung benötigt. Darum wurde hier ein besonderes Projekt ins Leben gerufen.

Seit dem 10. September 2013 ist die Nordseeinsel eine Modellregion für die Energiewende: An dem Tag wurde hier das erste intelligente Stromnetz Norddeutschlands in Betrieb genommen. Beispielhaft werden dabei die lokale Speicherung von regenerativ erzeugtem Strom sowie der Betrieb einer intelligenten Stromversorgung erprobt und weiterentwickelt. Zu dem Zweck haben E.ON und die Schleswig-Holstein Netz AG ein spezielles Speichersystem eingerichtet. Die Stromanschlüsse der Kunden werden über Datenverbindungen mit den Windkraft- und Fotovoltaikanlagen auf der Insel gekoppelt. Auf diese Weise soll eine optimale Energieverwertung vor Ort möglich werden.

Ein Übermaß an Strom, bei Starkwind und Sonne erzeugt, fließt in Hochleistungsbatterien und dezentrale Haushaltsspeicher. Bei Windstille und bedecktem Himmel oder Dunkelheit liefern die Batterien den Strom für die Inselbewohner. Ziel des Projektes »SmartRegion Pellworm« ist es, gleich mehrere Herausforderungen der Energiewende zu bewältigen.

Ferien auf dem Bauernhof

Auch in anderer Hinsicht geht es ziemlich grün zu auf der Insel. Die Landwirtschaft mit Ackerbau und Viehzucht gilt als traditioneller Wirtschaftszweig. Rund 70 Prozent des fruchtbaren Marschbodens werden als Weideland genutzt, die verbleibenden 30 Prozent dienen als Anbauflächen für Winterweizen, Raps, Silomais, Gerste, Hafer und Flachs. So rücken also auf Pellworm immer irgendwo Schafe, Kühe, Hühner oder andere Tiere ins Bild, hautnah zu erleben auch bei Bauernhofferien, die einige Betreiber anbieten.

Trotzdem eignet sich die Insel genauso für einen Badeurlaub, mit dem kleinen Unterschied zu den anderen Nordfriesischen Inseln, dass auch die Strände auf Pellworm grün sind. Mit einer Ausnahme: Seit Neuestem gibt es am Südstrand beim Leuchtturm eine Sandunterlage. Es handelt sich dabei um einen Trockenstrand, also einen Strand innerhalb des Deiches ohne direkten Zugang zum Wasser. Doch für Kinder, die gern buddeln oder Burgen bauen und alle, die auch mal Sand unter den Fußsohlen spüren möchten, stellt er eine echte Bereicherung dar, zumal auch kostenlose Strandkörbe bereit stehen.

Badespaß am Südstrand

Seit 2015 gibt es am Südstrand außerdem eine 65 Meter lange Buhne, also einen Wellenbrecher, der ins Wattenmeer hinausragt. Die begehbare Konstruktion schließt eine Treppe am Ende ab. Von dort können Badegäste direkt ins Wasser gelangen – beziehungsweise ins Watt, wenn gerade Ebbe herrscht.

Die grünen Badestrände von Pellworm, darunter auch ein FKK-Strand und drei Hundestrände, sind gut ausgestattet: von sanitären Anlagen über Kinderspielgeräte bis hin zum Strandkorbverleih. Die Freizeitbeschäftigungen gehen den Inselgästen nicht aus: Sie können unter anderem zwischen Surfen, Reiten, Minigolf, Beachvolleyball, Inline-Skaten, Tennis und Kegeln wählen. Kinder und Jugendliche haben ihren Spaß auch in der Freizeitanlage Kaydeich und im Freizeitbad PelleWelle. Auch lohnt es sich, Pellworm zu Fuß zu erkunden, misst die drittgrößte Nordfriesische Insel nur sechs Kilometer in der Länge und sieben Kilometer in der Breite. Ausgeschilderte Rundwanderwege und Laufstrecken laden zum Wandern und Walken ein. Wanderkarten sind beim Kur- und Tourismusservice erhältlich. So gibt es viele Gelegenheiten zum Durchatmen.

DIE PELLWORMER ROSENTAGE

Jährlich zu Pfingsten wird es bunt auf der grünen Insel. Denn im Frühsommer erblühen und duften in den Pellwormer Gärten zahlreiche Rosen in allen Farben und Sorten. Die Königin der Blumen findet hier optimale Bodenbedingungen vor und gedeiht daher prächtig. Das wird im Juni gefeiert: Bei den Pellwormer Rosentagen öffnen die einheimischen Gartenlieber ihre Pforten und zeigen den Besuchern ihre botanischen Schätze. Zum sechstägigen Programm gehören auch ein Rosenmarkt, geführte Radtouren, Trachtentänze und andere Überraschungen. Jedes Jahr aufs Neue wird für die Rosentage eine ganz besondere Rose kreiert, wie etwa im Jahr 2014 die Nostalgierose »Pellwormer Trachtentanz«, eine Strauchrose mit purpur-violetter Blüte.

WEITERE INFORMATIONEN

www.pellworm.de

7 Im Einklang mit dem Meer – die Halligen

Leben auf wenigen Quadratkilometern

Sie sind anders als die großen Nordseeinseln: Auf nur wenigen Quadratkilometern spielt sich das Alltagsleben ab, und die Siedlungshügel der Warften prägen das Bild. Besonders auf den beiden größten Halligen Langeneß und Hooge verbirgt sich auch einiges an Kultur wie beispielsweise prachtvolle Friesenstuben. Die kleinsten der Inselchen sind herrliche Ziele von Wattwanderungen.

Auswärtige Besucher können es sich kaum vorstellen, für die Bewohner der Halligen gehört es zum Leben: Bei »Land unter« versinkt ihre Umgebung fast vollständig in der Nordsee, nur in den Häusern bleibt es trocken: Sie stehen auf den Warften, künstlich aufgeschütteten Erdhügeln, die hoch genug sind, um auch bei Sturm nicht vollkommen überflutet zu werden. Hohe Deiche hingegen, wie man sie vom Festland her kennt, gibt es auf den Halligen nicht, nur die flacheren Sommerdeiche. Sie bieten Schutz in der warmen Jahreszeit, bei besonders rauem Wetter aber nimmt das heranrauschende Meer sie mit Leichtigkeit. Die Bewohner sehen es gelassen. Bei Land unter bleibt man eben in der warmen Stube, bis die Wiesen rundherum wieder auftauchen. Übrigens, es heißt zwar die »Warft«, doch bei den Ortsnamen steht oft nur »-warf«, die ursprüngliche Bezeichnung. Sie wurde im Laufe der Zeit durch ein »t« erweitert. Beide Schreibweisen sind also korrekt.

Kulturschätze auf Langeneß

Zehn Halligen liegen im Nordfriesischen Wattenmeer vor der Nordseeküste Schleswig-Holsteins. Sie verteilen sich rund um die Insel Pellworm und lassen sich teils auch vom Südstrand der Insel Föhr aus erkennen. Sieben der kleinen Marscheninseln sind bewohnt und meist auch für Besucher zugänglich, nur bei wenigen ist eine Sondergenehmigung erfor-

Bei einem Ausflug auf die Hallig Hooge (rechte Seite unten) sollte man die Hanswarft mit dem Königspesel nicht verpassen: das ehemalige Kapitänshaus ist eine Schatzkammer (unten). Oft gehört nur ein Gehöft zu einer Hallig, wie hier auf der Hallig Langeneß (rechte Seite oben).

Kutsche zum Königspesel

Die Halligkirchen wie hier auf der Kirchwarft der Hallig Hooge, von außen (unten) wie innen (ganz unten) sehenswert. Für eine kleine Radtour ist auf der Hallig Langeneß auch noch Platz genug (rechts oben)

derlich, die es oft im Rahmen von naturkundliche Führungen gibt.

Viele Besucher zieht es nach Langeneß, mit einer Fläche von fast zwölf Quadratkilometern die größte der Halligen. Insgesamt rund 130 Einwohner leben auf ihren 18 Warften. Vom Anleger Rixwarf startet der »Hallig-Express«, ein Unimog mit überdachtem Anhänger, zu einer Fahrt über die lang gestreckte

Hallig. Auch ein Fahrradverleih ist vorhanden – auf der Warft Hilligenley nahe dem Hafen. Das Inselchen beherbergt mehrere kulturelle Schätze, etwa im Kapitän-Tadsen-Museum, einem restaurierten Kapitänshaus auf der Ketelswarf, errichtet im Jahr 1741. Es ist mit einem Schweifgiebel versehen – charakteristisch für die Halligen – und zeigt im Inneren besondere Wand- und Deckenmalereien. Eindrucksvoll erscheinen auch die mehr als 1600 holländischen Wandfliesen im Wohnraum. Vor dem Museum steht seit 1995 ein Nachbau der »Peter Hansen Bockmühle«. Einige solcher Mühlen gab es früher auf fast jeder Hallig, sie verschwanden jedoch im frühen 20. Jahrhundert. Die ursprüngliche Bockmühle von der Hallig Langeneß bereichert seit 1953 den Freiluftbereich des Heimatmuseums in Wyk auf Föhr.

Hallig Oland – eine Warft, eine Kirche

Sehenswert ist auf Langeneß auch die Halligkirche, die 1725 auf der Kirchwarft errichtet wurde. Der Neubau von 1894 gründet auf den Fundamenten dieses Vorgängerbaus. Auf der Honkenswarf lohnt ein Besuch des »Friesenpesel«, einer gut erhaltenen historischen Friesenstube. In der Schutzstation Wattenmeer auf der Peterswarf können sich Inselgäste über Flora und Fauna informieren. Hier befindet sich auch der Leuchtturm Nordmarsch von 1902, der nur überschaubare 11,50 Meter misst. Zum Schwimmen im Wattenmeer gibt es auf Langeneß und Hooge Badestellen, die teils auch über Süßwasserduschen verfügen. Nordöstlich von Langeneß liegt Oland, die älteste noch vorhandene Hallig des Wattenmeeres. Auf der einzigen Warft leben rund 30 Menschen in 17 Häusern. Die autofreie Hallig ist gerade einmal 117 Hektar groß. »Hier wohnt niemand weiter als 100 Meter vom Friedhof entfernt«, lautet ein alter Spruch. Der Gottesacker mit seinem freistehenden Glockenstapel und der dazugehörigen, schön ausgestatteten Kirche ist recht sehenswert. Die Hallig Oland erreichen Besucher nur mit Ausflugsschiffen, nicht mit der Fähre. Einige Ver-

mieter holen Urlauber auch mit der Lorenbahn über die 2009 neu verlegten Schienen in Dagebüll ab.

Das Wattenmeer erfahren auf Hooge

Hooge, die zweitgrößte Hallig, liegt südlich von Langeneß und ist von dort sowie vom Festland und der Insel Amrum aus auch direkt mit der Fähre angeschlossen. Hallig Hooge zählt rund 100 Einwohner, die sich eine Inselfläche von knapp sechs Quadratkilometern teilen. Trotzdem ist auch auf Hooge einiges los. So informiert das Erlebniszentrum Mensch & Watt über die Beziehungen zwischen Mensch und Natur im Ökosystem der Halligen und des Nationalparks. Zur Ausstellung gehören auch ein Gezeitenaquarium und die Wattwerkstatt – besonders interessant für Kinder. Auf der Hanswarft gibt es ein Sturmflutkino. Hier erleben Besucher »Land unter« auf einer Großbildleinwand.

Die Halligkirche aus dem 17. Jahrhundert bezaubert mit der 1743 gefertigten »Hochzeitstür«. Ihre Motive erinnern an die Zeiten der Walfänger. Im Altarraum hängt das Modell einer dänischen Fregatte, ein Geschenk der Inselgemeinde an den dänischen König Frederik VI. Er hatte Hooge nach der Sturmflut anno 1825 beim Wiederaufbau geholfen. Der Königspesel, eine Friesenstube aus dem 18. Jahrhundert, ist auf der Hanswarft zu besichtigen. Verbinden lässt sich der Abstecher mit einem Besuch des Heimat- und Halligmuseum gleich nebenan. Es zeigt unter anderem Wattfunde versunkener Warften. Das Touristikbüro »Uns Hallig Hus« informiert über die Angebote und ist auch auf Familien eingestellt: Im Schlechtwetterkino laufen Zeichentrickfilme.

Südfall, Norderoog & Co.

Ein Besuch der kleineren Halligen lässt sich oft mit einer Wattwanderung verbinden. Bei Ebbe sind etwa Südfall, Süderoog und Norderoog ab der Insel Pellworm beziehungsweise der Halbinsel Nordstrand auch zu Fuß zu erreichen. Wie überall im Wattenmeer wird dringend dazu geraten, solche Touren nur mit ortskundiger Führung zu unternehmen. Einige der kleinen Halligen stehen unter Naturschutz. Sie zu betreten erfordert eine Sondergenehmigung oder ist nur unter bestimmten Voraussetzungen möglich. Für die Hallig Norderoog werden Führungen angeboten, und bei der Hallig Südfall muss man sich zuvor beim Vogelschutzwart anmelden. Die Hallig Habel, die kleinste der zehn Halligen, ist für Menschen gesperrt. Ihre Nachbarhallig Gröde, bevölkert von nur neun Einwohnern, steht Besuchern im Rahmen von Ausflugsfahrten mit dem Schiff zur Verfügung.

DIE RINGELGANSTAGE

Riesige Schwärme von Ringelgänsen auf sattgrünen Halligwiesen bieten das Naturschauspiel des arktischen Vogelzuges hautnah – dieses Erlebnis möchte man vor Ort auch Besuchern ermöglichen. Seit 1998 werden daher im Frühjahr, von Mitte April bis Mitte Mai, die Ringelganstage in der Biosphäre Halligen veranstaltet. Dazu laden die Halliggemeinden, Naturschutzverbände und die NationalparkService GmbH Urlauber und Tagesgäste ein.

Auf Hooge, Langeneß und dem Festland in Schlüttsiel gibt es bei zahlreichen Veranstaltungen Informationen rund um die Ringelgans, die Biosphäre Halligen und den Nationalpark Wattenmeer. Zum Programm gehören außerdem Fotoausstellungen, Spaziergänge mit Ringelgansbeobachtung und Halligkunde, Ringelgansgottesdienste und Aktionen für Kinder. Die aktuellen Termine und das Programm werden in der Regel ab Februar über die Homepage der Ringelganstage bekannt gegeben.

WEITERE INFORMATIONEN

www.ringelganstage.de

Info: www.langeness.de, www.hooge.de

Endlose Weite und Windkraft, und dazu eine artenreiche Tier- und Pflanzenwelt, die es bei einer Wanderung zu entdecken gibt (oben). Nicht nur rund um die Schafwarft (rechts unten), sondern auf der ganzen Hallig tummeln sich Schafe (rechts oben).

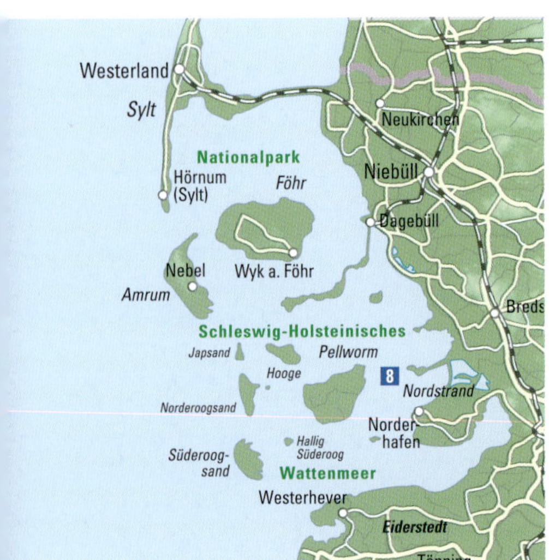

8 Idylle, mit dem Festland verwachsen – die Hamburger Hallig

Halbinsel mit gastronomischer Perle

Zwischen Dagebüll und der Halbinsel Nordstrand ragt ein weiterer Zipfel ins Wattenmeer. Die Hamburger Hallig wurde im Jahr 1860 durch einen Damm mit dem Festland verbunden, der heute befahrbar ist. Sie schließt sich dem Deichvorland vor dem Sönke-Nissen-Koog an. Streng genommen handelt es sich also nicht um eine Insel, doch sie fühlt sich wie eine an.

Die Verbindung zur Festlandküste hat natürlich ihre Vorteile: So ist die Hamburger Hallig von dort ein schönes Ausflugsziel, das mit dem Auto (gegen Mautgebühr), genauso gut aber auch mit dem Fahrrad oder zu Fuß erreichbar ist – die einfache Strecke ab dem Sönke-Nissen-Koog beträgt rund vier Kilometer. Einen Fahrradverleih gibt es im Amsinck-Haus, zu finden am Deich unmittelbar vor der Hamburger Hallig. Hier können Besucher sich in einer spannenden Ausstellung über die Kultur, Natur und Geschichte der Hamburger Hallig und des Mittleren Nordfrieslands informieren. Sogar Wohnmobilstellplätze stehen zur Verfügung; auf der Hamburger Hallig gibt es keinen Campingplatz.

Eine Hallig wird geboren

Die Hamburger Hallig entstand nach der Burchardiflut am 11./12. Oktober 1634, auch bezeichnet als zweite »Grote Mandränke«. Bei der verheerenden Sturmflut wurde die schleswig-holsteinische Küste bis hinunter zur Elbmündung verwüstet. Die Pegelstände lagen vier Meter über dem mittleren Tidehochwasser. Obwohl man schon aus der ersten großen Mandränke am 16. Januar 1362 seine Lehren gezogen und die Deiche verbessert hatte, brachen sie dieses Mal an mehreren Hundert Stellen. Rund 8000 Menschen kamen dabei in Nordfriesland ums Leben, so der offiziell überlieferte Wert. Die Dunkelziffer lag vermutlich doppelt so hoch. Auch Tausende von Tieren verendeten in den Wassermassen. Die Burchardiflut veränderte die Landschaft erheblich. Die vorherige Insel Strand (auch: Alt-Nordstrand) wurde in Pellworm, die Halbinsel Nordstrand und die Hallig Nordstrandischmoor zerteilt; die zuvor noch existierenden Halligen Nübbel und Nieland versanken im Meer.

Infolge dieser Ereignisse ließen zwei Hamburger Kaufleute den damaligen Koog eindeichen und gaben ihm ihren Namen – Amsinck. Dieser Deich wurde im 17. Jahrhundert vernichtet: die Geburtsstunde der Hamburger Hallig. Seit dem späten 19. Jahrhundert verbindet sie ein heute noch bestehender Damm mit dem Festland.

Im Labor der Wattwerkstatt

Noch immer verändert sich die Landschaft vor der Hamburger Hallig. Der Damm verlandet zusehends, und seine großen Flächen entwickeln sich zum Lebensraum für eine artenreiche Tier- und Pflanzenwelt. Sie lässt sich auf Führungen mit den Nationalpark-Rangern erkunden. Im Anschluss daran haben Teilnehmer die Möglichkeit, Fundstücke in der Wattwerkstatt zu untersuchen, zu der eine Ausstellung und ein Labor gehören. In den Salzwiesen der Hallig lädt ein weitläufiger Naturstrand zum Baden ein, das sich natürlich nach den Gezeiten richten muss. Ein Erlebnis ist auch der Panoramablick von der Hallig über das UNESCO-Weltnaturerbe Wattenmeer. Durch ihre zentrale Lage bietet sie außerdem freie Sicht auf fast alle anderen Halligen.

Auf der Hamburger Hallig selbst gibt es nur eine bewohnte Warft, die schlicht Hauptwarft heißt. Auf ihr stehen drei Häuser, die Gaststätte Hallig Krog, die nach den Touren zur Einkehr einlädt, die besagte Wattwerkstatt der NationalparkService GmbH (NPS) sowie ein Stützpunkt der NPS mit Praktikantenwohnung, die nur im Sommer bewohnt wird. Ungefähr 300 Meter südlich der Hauptwarft erhebt sich der Kuhberg. Der Name ist irreführend: Die niedrige, unbebaute Warft dient bei leichten Überschwemmungen als Rettungshügel für Schafe. Als Schafberg wiederum wird eine weitere Warft zwei Kilometer weiter östlich bezeichnet – sie liegt also etwa auf der Hälfte des Weges zum Festland, im Vorland vor dem Sönke-Nissen-Koog. Daher gehört die Schafwarft genau genommen nicht zur Hamburger Hallig. Auf ihr steht eine Station des Naturschutzbundes Deutschland (NABU), das Claus-Jürgen-Reitmann-Haus.

ZU GAST BEIM *TRAUMSCHIFF*-KOCH

Der Hallig Krog ist die feinste Gaststätte im Nationalpark Wattenmeer. Ein Besuch in dem Lokal auf der Hauptwarft der Hamburger Hallig lohnt also unbedingt. Es bietet regionaltypische Küche mit vorzugsweise ökologischen Produkten. Pächter Erik Brack, der seine Karriere als Koch mit einer Ausbildung in Baden-Württemberg begann, arbeitete in erstklassigen Häusern in der Schweiz, am Bodensee und in Hessen. Als Chef de Cuisine im »Alten Gymnasium« in Husum wurde er mit einem Michelin-Stern ausgezeichnet. Dann reiste er als Küchendirektor auf dem *Traumschiff* aus der ZDF-Fernsehserie um die Welt. Auf dem Fünf-Sterne-Kreuzfahrtschiff kochte er für täglich bis zu 480 Passagiere und mehr als 250 Besatzungsmitglieder.

WEITERE INFORMATIONEN

Hamburger Hallig:
25821 Reußenköge, Tel. 04671-942 788, Winterpause von Anfang November bis Ende März, www.hallig-krog.de, www.nordseetourismus.de

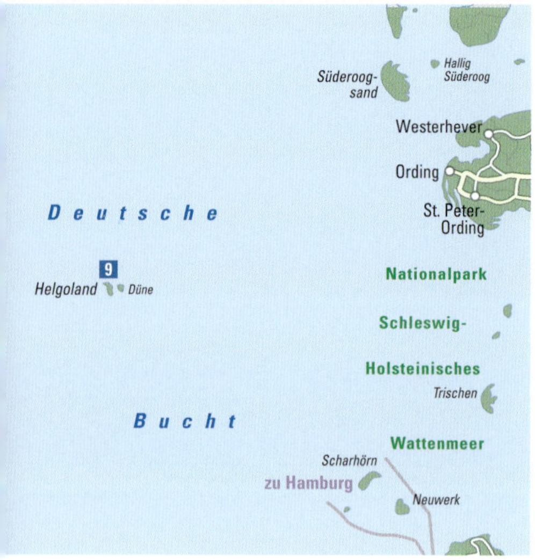

9 Deutschlands einzige Hochseeinsel – Helgoland

Rote Felsen, einmalige Panoramen

»Grün ist das Land, rot ist die Kant, weiß ist der Sand, das sind die Farben von Helgoland« – der Spruch erläutert die waagerecht in diesen Farbtönen gestreifte Flagge der Insel. Genauso beschreibt er aber auch treffend, wie leuchtend, wie einzigartig und besonders das felsige Stückchen Land ist, das dort mitten in der Nordsee aus den Wogen aufragt.

Die Lange Anna ist das Wahrzeichen der Insel (unten). Einmalig sind auch die Hummerbuden (rechte Seite oben), die einst als Werkstätten und Schuppen den Fischern dienten und heute Kneipen, Cafés, Geschäfte und Galerien beherbergen. Mit dem High-Speed-Katamaran braucht man von Hamburg aus weniger als vier Stunden bis nach Helgoland. Die Basstölpel kümmert das nicht (rechte Seite unten).

Von dem Wahrzeichen der Insel hat wohl jeder schon einmal gehört: Die Lange Anna an der Nordspitze Helgolands ist schon von Weitem sichtbar. Die schmale, 47 Meter hohe Felsnadel steht frei im Meer vor der Hauptinsel und hat auch eine jüngere Schwester, die mit dem Oberland verwachsen ist: Rund 50 Meter weiter östlich ragt die Kurze Anna auf. Sie bildete sich am 31. Januar 1976 nach dem Abbruch eines großen Felsstücks. Von ihr hört man allerdings nur selten, weil der Blick auf die Lange Anna viel spektakulärer ist. Beide Annas bestehen, wie ganz Helgoland, aus rotem Buntsandstein, dem die Insel ihre besondere Färbung verdankt. Das Material ist allerdings äußerst anfällig für Verwitterung, sodass man auch um die Existenz der Langen Anna fürchtet und millionenschwere Schutzmaßnahmen ins Gespräch bringt.

Naturschauspiel am Lummenfelsen

Die Lange Anna wiegt satte 25 000 Tonnen und steht auf einer Grundfläche von nur 180 Quadratmetern. Zwar ist das beliebte Ausflugsziel selbst nicht zugänglich, doch es bietet sich ein fantastischer Blick von den Klippen des benachbarten Oberlandes. An der Felsnadel brüten Seevögel wie die Trottellumme, die Dreizehenmöwe und der Basstölpel.
Die Trottellummen gaben auch dem wohl kleinsten Naturschutzgebiet der Welt seinen Namen, das sich direkt daneben befindet,

dem Lummenfelsen. Hier ist zwischen Mitte und Ende Juni ein einmaliges Naturschauspiel zu erleben: der Sprung der Trottellummen von den Klippen. Die noch flugunfähigen Küken stürzen sich dann, angelockt von den Rufen der Eltern, aus dem Brutfelsen bis zu 50 Meter in die Tiefe. Weil ihr Körperbau dafür wie geschaffen ist, überstehen sie den harten Aufprall unbeschadet. Weitere Informationen zu diesen ungewöhnlichen Flugversuchen gibt es beim Verein Jordsand.

Besondere Plätze: Hummerbuden und Badedüne

Bekannt ist Helgoland auch für die Hummerbuden, äußerst farbenfrohe Häuser im Hafen, die viele Postkarten zieren und immer wieder ein beliebtes Fotomotiv abgeben. Der Hummerfang hat Tradition auf der Insel, was dann dazu führte, dass die Bestände sich extrem reduzierten. Die ortsansässige Biologische Anstalt Helgoland des Alfred-Wegener-Instituts hat Maßnahmen zur Erholung dieser Bestände eingeleitet. So können Interessierte einjährige Hummer-Patenschaften für derzeit 25 Euro übernehmen. Die Paten sind bei der Auswilderung ihres Jungtieres dabei, bekommen eine Urkunde und einen Gutschein für eine Führung durch die Züchtungshalle. Die Hummerbuden indes haben mit dem Fang heute nichts mehr zu tun. Sie beherbergen nun unter anderem kleine Geschäfte und Lokale.

Rund einen Kilometer von der Hauptinsel entfernt liegt Helgolands Badedüne. Vom Tagestourismus fast unberührt, ist sie ein Paradies für Sonnenanbeter und Naturerlauber. Wer nicht genügend Zeit mitbringt, um sie zu besuchen, kann immerhin die herrliche Aussicht genießen, die sich vom Pinneberg auf die Badeinsel bietet. Der Pinneberg ist Helgolands höchster Gipfel. Mit 61,3 Metern überragt er noch die Lange Anna um fast 15 Meter. Er entstand am 18. April 1947 durch die Operation *Big Bang*. Damals sprengten die Briten Bunkeranlagen auf Helgoland mit einer Wucht, die fast halb so groß war wie die der Hiroshima-Bombe. Seinen Namen hat der Hügel von der schleswig-holsteinischen Gemeinde Pinneberg bei Hamburg, zu der Helgoland gehört. Im Jahr 1998 machten sich vier Bergsteiger aus Itzehoe einen Spaß daraus, »unter großen Mühen und Entbehrungen diese Erhebung der 61-Meter-Kategorie« zu erklimmen. Sie stellten ein mitgebrachtes Gipfelkreuz auf und tauften die Kuppe feierlich Pinneberg. Diese ist über einen kurzen Trampelpfad vom Klippenrandweg aus zu erreichen. Sie krönt ein Gipfelkreuz mit Gipfelbuch.

ATEMHOLEN AUF HOHER SEE

Für Stressgeplagte und nicht zuletzt Allergiker ist Helgoland ein ideales Refugium. Kaum irgendwo sonst ist die Luft so rein von Staub und Pollen wie auf der auto- und industriefreien Hochseeinsel. Ein kleines Angebot an Unterkünften ermöglicht Erholung über ein (verlängertes) Wochenende. Die Anreise ist relativ bequem, so etwa auch mit der Fähre ab Wilhelmshaven oder Bremerhaven. Eine zentrale und schnelle Verbindung stellt der High-Speed-Katamaran ab Wedel (bei Hamburg) mit Zwischenstopp in Cuxhaven her – ideal also für einen Tagesausflug oder Kurzurlaub.

WEITERE INFORMATIONEN

Überfahrt:
www.helgoline.de,
www.helgoland.de
Unterkunft:
zimmervermittlung@
kurverwaltung-helgoland.de
Kurverwaltung Helgoland:
Lung Wai 28, 27498 Deät Lun / Helgoland,
Tel. 04725-8143-0

Die Nordseeküste Schleswig-Holsteins

Wattenmeer vor grünen Marschlandschaften

Als der Schönste seiner Art gilt der Leuchtturm von Westerhever (links). In Sankt Peter-Ording steigt auch mal Gigantisches in die Lüfte (oben). Für malerische Fotomotive, hier auf der Hamburger Hallig, sorgen die Schafe (unten).

12 Die Theodor-Storm-Stadt – Husum

Eine friesische Kulturmetropole

Als berühmtester Sohn der Stadt ist der große Dichter allgegenwärtig in Husum. Doch der Besuch lohnt sich nicht nur wegen seines ehemaligen Wohnhauses, das zu besichtigen ist. Sechs Museen, ein international beachtetes Figurentheater-Festival, die Husumer Filmtage und andere Kulturveranstaltungen verbinden sich mit dem maritimen Flair der Hafenstadt.

Auch wenn es sich zunächst nicht so anhört, es ist eine Liebeserklärung: In seinem Gedicht »Die Stadt« beschreibt Theodor Storm seinen Geburtsort Husum als grau und eintönig. Die Melancholie gipfelt in der dritten Strophe in den Worten: »Doch hängt mein ganzes Herz an dir, / Du graue Stadt am Meer; / Der Jugend Zauber für und für / Ruht lächelnd doch auf dir, auf dir, / Du graue Stadt am Meer«.

Im Poetenstübchen

Theodor Storm ahnte sicherlich nicht, dass Husum rund 150 Jahre später eine friesische Kulturmetropole sein würde, die zahlreiche, ganz und gar nicht graue Touristen anzieht. Mit heute knapp 23 000 Einwohnern ist Husum zwar überschaubar, aber das kulturelle Angebot kann sich sehen lassen. Als berühmtester Sohn der Stadt trug der Dichter nachhaltig dazu bei.

Da ist zunächst das ehemalige Wohnhaus des Schriftstellers zu nennen: Das Storm-Haus in der Wasserreihe 31 zeigt unter anderem das frühere Arbeitszimmer (»Poetenstübchen«) und den Schreibtisch, an dem Storm sein berühmtestes Werk *Der Schimmelreiter* vollendete. Viele der Räume und der Ausstattungsgegenstände im alten Husumer Kaufmannshaus stammen noch im Original aus dieser Zeit. Auch Hof und Garten sind zu besichtigen. Das für das Museum zuständige Theodor-Storm-Zentrum bietet verschiedene Führungen an, darunter auch Sonder- und Themenführun-

Im Theodor-Storm-Haus ist noch vieles so, wie es zu Zeiten des Dichters war (unten). Neben reichlich Kultur bietet Husum auch das Flair einer Hafenstadt (rechts).

DAS BRÖTCHEN
SALON KARIN
Hafenflohmarkt
Hotels in Husum

Der große Dichter Theodor Storm ist allgegenwärtig, auch im schönen Schlosspark (oben). Viele schmucke Bürgerhäuser sind bei einem Rundgang zu entdecken (rechte Seite oben). Auch lohnt sich ein Blick für die kleinen Dinge (rechte Seite unten).

gen. Über die Touristinformation ist außerdem ein Stadtrundgang auf den Spuren Storms buchbar sowie eine halbtägige Exkursion durch das Nordfriesland Theodor Storms. Die Worte des Gedichts »Die Stadt« schlängeln sich auch, eingebrannt in rote Ziegel, rund um den Binnenhafen. Sie verbinden die Stationen der »Historischen Spiellinie«, einem Kulturerlebnispfad für Kinder.

Auf dem Husumer Kulturpfad

Einbetten lässt sich das literarische Erlebnis auch in einen Rundgang, der zahlreiche große und auch kleinere Sehenswürdigkeiten der Stadt miteinander verbindet: Der Kulturpfad Stadt Husum führt zu historischen Gebäuden, Theodor-Storm-Stätten, Wohnhäusern weiterer bedeutender Bürger und zu den großen Museen. Insgesamt sind es 32 Stationen. Er ist vor Ort ausgeschildert und nicht zu verwechseln mit dem Stadtrundgang entlang von insgesamt 16 Stationen, den die Husumer Homepage beschreibt. Der Kulturpfad beginnt am Alten Rathaus am Marktplatz. In dem 1601 errichteten Gebäude befindet sich auch die Touristinformation, von der aus Stadtführungen und Nachtwächter-Rundgänge starten.
Den Marktplatz umgeben weitere Stationen des Kulturpfads. Beachtung verdient zunächst die Kirche St. Marien (geweiht 1833). An ihrem Platz stand bis 1807 ein gotischer Vorgängerbau mit einem 96 Meter hohen Turm. Der heutige klassizistische Bau mit seiner klaren Formensprache stammt von dem dänischen Architekten Christian Frederik Hansen, der auch den Dom und die Hofkirche von Schloss Christiansborg in Kopenhagen entworfen hat. Vor der Marienkirche steht die »Tine«. Die

Brunnenfigur ist Husums Wahrzeichen, nach der auch ein Café am Platz heißt. Die Bronzefigur, die eine junge Halligfriesin darstellt, wurde 1902 von dem einheimischen Bildhauer Adolf Brütt geschaffen. Die Stifterin Anna Catherina (Tine) Asmusssen vermachte mit ihrem Cousin August Friedrich Woldsen noch zu ihren Lebzeiten der Stadt Husum einen Großteil ihres Vermögens. Als Vorbild diente dem Bildhauer die junge Husumerin Dora Fuchs. Auf die Frage, wie sie es denn zur Bronzestatue gebracht habe, antwortete sie: »Weet ick ok nie, aber ich har damals je woll en gude Figur«. Am Markt befindet sich auch das Haus, in dem Theodor Storm am 14. September 1817 geboren wurde (Nummer 9). Es handelt sich hier also um ein anderes Gebäude als sein späteres Wohnhaus, das heutige Theodor-Storm-Zentrum mit angeschlossenem Museum. Letzteres zählt natürlich auch als Station zum Kulturpfad. Von historischer Bedeutung ist zudem das ehemalige Herrenhaus am Markt 1–3. Hier war ab 1520 eine Münzstätte untergebracht, in der der »Husumer Taler« geprägt wurde.

Das Schloss vor Husum

Den Höhepunkt des Kulturpfades bildet das Schloss vor Husum. Es wurde im späten 16. Jahrhundert auf einem Gebiet errichtet, das damals noch nicht zur Stadt gehörte. Das Gebäude mit hohen Giebeln und Türmen, das ein Park umrahmt, gibt die ehemaligen Staatsräume zur Ansicht frei: den Rittersaal, die verschiedenen Empfangsräume und das Treppenhaus. Auch die Schlosskapelle steht Besuchern offen. In wechselnden Sonderausstellungen wird zeitgenössische Kunst gezeigt, vor allem aus Schleswig-Holstein. Das einzige landesherrliche Schloss an der schleswig-holsteinischen Westküste beherbergt außerdem das Poppenspäler Museum, benannt nach der Hauptfigur in Theodor Storms gleichnamiger Novelle. Eine Schau rund um das Puppenspiel beleuchtet Kaspers Bedeutung in verschiedenen Regionen der Erde. Ausgestellt sind auch Theaterfiguren aus Europa, Asien und dem Orient, wertvolle Unikate bekannter Werkstätten und vieles andere mehr. Das Museum hat das internationale Figurentheaterfestival ins Leben gerufen, das seit 1983 jährlich stattfindet. Im Schloss und an anderen Spielorten in Husum und Umgebung gibt es dann mehr als 60 Figurentheater-Vorstellungen mit Puppenspielern aus ganz Deutschland und auch dem Ausland.

Farbenfroh zeigt sich die »graue Stadt« im Hafen (unten). Er wird immer noch rege genutzt, auch wenn in den Hallen der ehemaligen Husumer Schiffswerft (hier die Slipanlage) keine Schiffe mehr gebaut, sondern nur noch repariert werden (ganz unten).

Reizvoll ist der Weg durch den Schlossgang zurück zum Marktplatz, der schließlich durch den Rundbogen des alten Rathauses führt. Hier verbinden sich altstädtische Impressionen mit einer modernen, überschaubaren Fußgängerzone. Sie fügt sich mit kleinen Geschäften und Lokalen ins Bild. In der Gegenrichtung befindet sich direkt am nordwestlichen Ende des Schlossparks ein Platz für Cineasten: Das Kino-Center Husum ist Veranstaltungsort der seit 1986 stattfindenden Husumer Filmtage. Jeweils Anfang Oktober werden an sieben Tagen 25 bis 30 Filme präsentiert. Dabei widmet sich ein leitmotivischer Schwerpunkt entweder einem Sachthema oder einer herausragenden Persönlichkeit in einer Werkschau.

Hafenstadt mit Charme

Die Nähe zur Nordsee ist in Husum natürlich allgegenwärtig. So greifen verschiedene Museen die maritime Vergangenheit Husums auf. Das Schifffahrtsmuseum Nordfriesland informiert über Schiffbau, Fischerei und Walfang. Das zugehörige Außengelände am Binnenhafen und an der Zingelschleuse ist jederzeit frei zugänglich. Hier stehen alte Schiffsmodelle, ein Ruderhaus, Tonnen und Baken. Außerdem ist eine historische Ankersammlung ausgestellt sowie das 1904 erbaute Quermarkenunterfeuer von Hörnum. Um das Leben am und mit dem Meer im Allgemeinen geht es im NordseeMuseum Husum im Nissen-Haus. Dahinter steht die Stiftung von Ludwig Nissen (1855–1924). Der Husumer wanderte 1872 nach New York aus und brachte es dort als Diamantenhändler zu Wohlstand. Später ließ er in seiner Heimatstadt ein monumentales »Volkshaus« mit einer Eingangsfassade unter drei Rundbögen errichten, das heute – frisch renoviert – als wichtigstes Museum im Kreis Nordfriesland gilt.
Es gefällt ein Bummel durch den zentralen Husumer Hafen mit seinen farbenfrohen Häusern und historischen Straßen. Hier laden einige Cafés und Restaurants zum Verweilen ein, auch fehlen natürlich Souvenirgeschäfte nicht, und wer die wetterfeste Kleidung vergessen hat, kann sie hier spontan kaufen. Über das nahe UNESCO-Weltnaturerbe Wattenmeer informiert das Nationalpark-Haus direkt am Hafen. Die Ausstellung mit vielen Mitmachstationen ist auch für Kinder ein Erlebnis. Noch vor der Altstadt führt linksseitig eine unscheinbare Straße zum Husumer Kutterhafen. Dort gibt es im Direktverkauf fangfrischen Fisch und andere

Köstlichkeiten aus dem Meer, natürlich auch Nordseekrabben.

Ausflüge in der Husumer Bucht

Als Ferienregion am Wattenmeer hat die Husumer Bucht noch mehr zu bieten. Schon direkt in und kurz vor Husum gibt es einige Strände und Badeplätze. So liegt die Badestelle Dockkoogspitze mit ihrem grünen Strand nahe der Innenstadt. Ein Stück außerhalb, im Südwesten Husums, findet die Badestelle Lundenbergsand in Simonsberg mit Sandstrand besonders bei Familien Anklang. Die Seebrücken im Husumer Stadtteil Schobüll wiederum sind in erster Linie für Schwimmer geeignet.
Vergleichsweise kurz fallen die Wege auf die Halbinsel Nordstrand (siehe Kapitel 11) und die Hamburger Hallig (siehe Kapitel 8) aus. Während seeseitig das Wattenmeer zahlreiche Ausflugsziele bietet, ist auch das nordfriesische Landleben ein Erlebnis. Im Süden der Husumer Bucht bezaubert die Halbinsel Eiderstedt mit ihren hübschen Dörfern wie Tetenbüll (siehe Kapitel 20). Im Norden wiederum lässt sich die Landschaft der Schobüller Geest entdecken, der einzige deichfreie Abschnitt der Nordseeküste. Hier ist der Schobüller Berg als Aussichtspunkt ein oft angestrebtes Ziel. Im Osten wiederum erstreckt sich die Gewässerlandschaft der Flüsse Eider, Treene und Sorge, ein Paradies für Wasserwanderer.

Das Schimmelreiter-Land erwandern

Auch auf Landwegen hält die Husumer Bucht schöne Routen bereit. Der Internationale Volkssportverband (IVV) hat sieben Rundwanderwege von insgesamt 120 Kilometern Länge eingerichtet, die seine Mitgliedsorte in der Husumer Bucht verbinden. Mit Streckenabschnitten von elf bis 23 Kilometern ist je nach Lust und Kondition für alle etwas dabei.
Dabei geht es durch verschiedenste norddeutsche Landschaftsformen, mal direkt am Watt oder Wasser entlang, dann wieder durch ein Wäldchen oder die Weite der Marsch- und Geestlandschaften. Auch Husum selbst ist Teil der Routen: Alle Rundwanderwege beginnen und enden am Marktplatz der Hafenstadt. So lässt sich die Wanderung mit Sightseeing kombinieren oder ein Urlaub in Husum mit schönen Ausflügen in die Umgebung. In der Touristinformation gibt es einen Wanderführer mit den genauen Wegangaben zu kaufen. Doch man kann auch einfach »ins Blaue« fahren.

HUSUMER KROKUSBLÜTE

Wer das Husumer Schloss im zeitigen Frühjahr besucht (März/Anfang April), kann sich an einem besonders schönen Anblick erfreuen: Im Schlosspark entfalten dann mehr als vier Millionen Krokusse ihre Blütenkelche, bilden einen dichten Teppich in Violett mit weißen Tupfen. In solch einem Ausmaß, heißt es, blühen die wild wachsenden Krokusse nur hier während des »lila Wunders im Norden«. Daher gibt die Husumer Krokusblüte jährlich Anlass zu einer großen Feier: bei einem Krokusblütenfest mit Kunsthandwerkermarkt im Schlosshof, auf einer kulinarischen Meile mit einem Blumen- und Pflanzenmarkt und anderen Überraschungen. Natürlich wird dabei auch seit 2001 jedes Jahr aufs Neue die Krokusblütenkönigin gekrönt.

WEITERE INFORMATIONEN

www.husum-tourismus.de,
www.museumsverbund-nordfriesland.de,
www.husumer-filmtage.de
Infos: www.husum-tourismus.de

Die charakteristischen Treppengiebel prägen de »Holländerstadt« (oben). Obwohl die Boote hier gerade schlummern: Auf den Grachten ist im Sommer einiges los (rechts unten).

13 Eine Reise in die Niederlande – Friedrichstadt

Das Erbe der Remonstranten

Auch wenn die holländische Grenze rund 300 Kilometer weit entfernt liegt: Hier wird man augenblicklich in das Land der Grachten versetzt. Das ist kein Zufall, sondern liegt in der Geschichte von Friedrichstadt begründet. Mit Ausflugsschiffen geht es mitten durch die Stadt, vorbei an Giebelhäusern und Gärten.

Die Grachten heißen hier Siele oder Burggräben, doch es fühlt sich an wie in Holland: Häuser mit Treppengiebeln, Fassaden der niederländischen Backsteinrenaissance, Wasserwege, die an ihnen vorbei, unter kleinen Brücken hindurch und entlang von Vorgärten führen. Aus gutem Grund also wird das nordfriesische 2500-Einwohner-Städtchen auch »Klein Amsterdam« oder »die Holländerstadt« genannt.

Das Werk von Remonstranten

Friedrichstadt liegt am Zusammenfluss von Treene und Eider, und sein für Nordfriesland äußerst ungewöhnliches Erscheinungsbild hat eine besondere Geschichte. Es waren niederländische Glaubensflüchtlinge, sogenannte »Remonstranten«, die die Stadt ab 1621 anlegten. Das Wort kommt aus dem Lateinischen: *remonstrare* bedeutet so viel wie »zurückweisen«. Die Abtrünnigen errichteten auch eine erste Kirche, jedoch durften sie diese nur ohne Turm bauen. Sie fiel 1850 dem Deutsch-Dänischen Krieg zum Opfer. Den Friedhof, den die Remonstranten anlegten, gibt es noch heute.

Der Stadtgründer Herzog Friedrich III. zu Schleswig-Gottorf hatte den damals in ihrer Heimat verfolgten Menschen hier Religionsfreiheit gewährt. Außerdem sicherte er ihnen wirtschaftliche Privilegien, Niederländisch als Amtssprache sowie eine Verwaltung nach dem Vorbild von Amsterdam und Leiden zu. Das tat er freilich nicht ohne Hintergedanken. Die Holländer galten als erfolgreiche Kaufleute und Koryphäen auf dem Gebiet des Deichbaus. Also plante Friedrich III. mit der tatkräftigen Unterstützung der Zuwanderer einen großen

Handelshafen – unbeeindruckt vom Widerstand im nahe gelegenen Tönning, wo Händler die neue Konkurrenz fürchteten. Sein Land sollte zum Mittelpunkt einer Handelslinie von Spanien über Russland nach Ostindien werden. Diese Pläne scheiterten letztlich auch daran, dass Treene und Eider nicht im erhofften Ausmaß schiffbar waren.

Geschichte im Museum Alte Münze

Seinen altholländischen Charakter aber hat Friedrichstadt bewahrt. Immer noch ist es die einzige remonstrantische Gemeinde von Deutschland mit rund 200 Mitgliedern, inzwischen betreut von einem niederländischen Pastor, der in Groningen lebt. Die heutige Remonstrantenkirche (erbaut 1854) steht in der Prinzessstraße 29 und ist im Rahmen von Stadtführungen zu besichtigen. Hier treffen sich die Gläubigen der Gemeinde an jedem letzten Sonntag im Monat zum Gottesdienst. Mehr über die Stadtgeschichte erfahren Besucher im Museum Alte Münze. Die drei Etagen umfassende Ausstellung informiert zu den Themen Stadtgründung, Religionsvielfalt und Alltagsleben. Das reich verzierte Renaissancegebäude wurde im Jahr 1626 als Speicher für den adligen Statthalter Adolph van Wael errichtet. In den folgenden Jahrhunderten diente es auch als Kirche, Bibliothek und Touristinformation. Nach einer umfassenden Sanierung zog 1995 das städtische Museum ein. Anders, als der Name vermuten lässt, hat sich hier also nie eine Münzprägerei befunden.

Zu einem Besuch in Friedrichstadt gehört natürlich unbedingt eine »Grachtenfahrt«. Vor allem im Sommer tummeln sich zahlreiche Boote auf den Kanälen, und es gibt viele Gelegenheiten, ein Ausflugsschiff zu besteigen. Ein Spaß für die ganze Familie! Wer mit Kindern unterwegs oder vielleicht selbst Eisenbahnfan ist, sollte in der Brückenstraße 18 vorbeischauen. Hier ist der sogenannte Modellbahnzauber zu bewundern, eine detailreich gestaltete Landschaft im HO-Maßstab 1 : 87 von Norddeutschland bis an den Rhein.

LAMPIONFEST UND FEUERWERK

Das bunte Treiben auf dem Wasser gipfelt alljährlich im Hochsommer beim Lampionfest in Friedrichstadt. Dann wird drei Tage lang in der gesamten Altstadt gefeiert. Auf dem Markt gibt es ein Live-Programm mit Budenzauber, auf dem Stadtfeld eine Kindermeile und später steigt die große Party. Im Mittelpunkt der Festivitäten aber steht der Lampion-Bootskorso am Samstagabend, bei dem die verrücktesten Gefährte auf den Grachten schwimmen. Zum Abschluss leuchtet ein Feuerwerk über den Giebeln der Holländerstadt.

WEITERE INFORMATIONEN

www.friedrichstadt.de
Modellbahn-Zauber:
Brückenstraße 18,
Tel. 04881-93 88 58
www.modellbahn-zauber.de
www.grachtenfahrt.de
Stadtmuseum »Alte Münze«:
Am Mittelburgwall 23,
Tel. 04881-8 74 22

Viele der Grabsteine sind überaus kunstvoll gestaltet und zeugen vom Wohlstand und Einfluss der auf dem Friedhof beigesetzten Bauernfamilien.

14 Auf dem Friedhof der Geschlechter – Lunden

Grabplatten und Grabkeller mit Geschichte

Die unscheinbare Gemeinde nahe Tönning ist ein kultureller Geheimtipp. Lunden besaß von 1529 bis 1559 das Stadtrecht und war das Zentrum der Bauernrepublik Dithmarschen. Von dieser Zeit erzählt der Geschlechterfriedhof an der St.-Laurentius-Kirche, angelegt auf einer Düne.

Schon der Anblick des Platzes hat seinen Zauber: der Hügel mit den zahlreichen erhaltenen Grabplatten, Stelen und gemauerten Grabkellern, im Mittelpunkt die leuchtend weiße St.-Laurentius-Kirche, gerahmt von einer bis zu zwei Meter hohen historischen Mauer. Sie diente als Hochwasserschutz und Bollwerk im Dänisch-Hanseatischen Krieg (1509–1512).

Bäuerliche Bestattungskultur

Auf dem zum Kulturdenkmal ernannten Geschlechterfriedhof befinden sich insgesamt 67 Gräber, deren Geschichte sich bis ins späte Mittelalter zurückverfolgen lässt. Begräbnisstätte und Kirche sind sogar noch älter: Auch wenn aus der Gründerzeit keine Gräber mehr existieren, gilt als gesichert, dass beide bereits im 12. Jahrhundert vorhanden waren. Die noch sichtbaren Grabstätten wurden von Siedlungsgemeinschaften im 16. und 17. Jahrhundert errichtet. Dazu gehören also noch Gräber aus der Zeit der Dithmarscher Bauernrepublik (1227–1559), während der einige Lundener Bauernfamilien politisch und wirtschaftlich großen Einfluss nahmen. Zwar war Dithmarschen nie lehensunabhängig, doch es konnte sich eine Art Selbstverwaltung bilden, weil einige Lehnsherrn ihre Lehnshoheit nicht streng ausübten. So waren Lundener Geschlechter in relevanten Positionen des Rates der Achtundvierziger Regenten vertreten und an wichtigen Entscheidungen beteiligt. Um sich von der Allgemeinheit abzuheben, sicherten sich diese Familien auch auf dem Friedhof exponierte Lagen und ließen sich aufwendige Grabmale, Grabkeller und Stelen fertigen. Zum Schutz vor Überschwemmungen wurde der Geschlechterfriedhof auf einer Düne errichtet.
INFO: www.gemeinden-lunden-lehe-krempel.de

15 Der Dom der Dithmarscher – Meldorf

Besonders beeindruckend sind auch die Gewölbefresken im Altarraum des mächtigen Gotteshauses in Meldorf, in dem heute nicht nur Gottesdienste, sondern auch Konzerte stattfinden.

Ehemals Seezeichen und Versammlungsstätte

In dem 7500-Einwohner-Städchen steht das wohl bedeutendste sakrale Bauwerk der schleswig-holsteinischen Nordseeküste: Die Sankt-Johannis-Kirche wird aufgrund ihrer Größe auch als Dom bezeichnet, obwohl Meldorf nie ein Bistum war. Eindrucksvoll ist auch die mittelalterliche Innengestaltung mit Gewölbefresken.

So steht es ganz offiziell auf dem braunweißen Schild an der Autobahnausfahrt Albersdorf: Meldorfer Dom. Zu Zeiten der Bauernrepublik Dithmarschen versammelten sich im »Dom der Dithmarscher« die selbstständigen Kirchspiele. Hier wurden die politischen Entscheidungen für Dithmarschen getroffen. Der Meldorfer Dom diente früher auch als Seezeichen, denn die Ortschaft lag einmal direkt an der Nordseeküste, auf einer Geestinsel im Wattenmeer. Durch Landgewinnung ist sie rund sechs Kilometer weit ins Binnenland gerückt.

Ein frühmittelalterlicher Vorgängerbau befand sich ab 810 an dieser Stelle. Die Sankt-Johannis-Kirche entstand zwischen 1250 und 1300 als dreischiffige Basilika mit einem dreijochigen Querhaus und einem flach geschlossenen Chor, der gerade und nicht halbrund abschließt. Ein großer Brand zog das Bauwerk im Jahr 1866 stark in Mitleidenschaft. Anschließend wurde der Turm mit seiner heutigen Höhe von 59 Metern neu gebaut. Das äußere Erscheinungsbild der Kirche stammt aus dem späten 19. Jahrhundert. Weitgehend erhalten blieb indes die mittelalterliche Gestaltung des Innenraums. Es beeindrucken Gewölbefresken mit biblischen Motiven und Heiligenbildern aus dem 13. Jahrhundert, die in ihrer Pracht und Anzahl vom Reichtum der Bauernrepublik Dithmarschen zeugen. Den Passionsaltar von 1520 zieren farbige und vergoldete Figuren. Das große bronzene Taufbecken stammt noch aus der Gründungsphase der Kirche. Ein besonderer Genuss sind die alljährlichen Sommerkonzerte im Meldorfer Dom.

INFO: www.meldorf-kirche.de, www.meldorf-urlaub.de

16 Ein Leuchtturm wie gemalt – Westerhever

Seezeichen in perfekter Symmetrie

Das rot-weiß geringelte Schmuckstück steht inmitten der Marschlandschaft, nahe dem Deich, auf dem meist Schafe grasen. Mit seinen Zwillingswärterhäuschen und dem historischen Stockenstieg halten ihn viele für den schönsten Leuchtturm der deutschen Nordseeküste. Eine Ausstellung der Schutzstation Wattenmeer informiert über den Lebensraum vor seiner Tür.

Die Gemeinde Westerhever liegt im Nordwesten der Halbinsel Eiderstedt, rund 15 Kilometer von Sankt Peter-Ording entfernt. So zieht es auch viele Urlauber aus dem beliebten Badeort bei Ausflügen zum Leuchtturm. Ein Erlebnis ist bereits die Fahrt durch die mit hübschen Friesendörfern bestückte Landschaft (siehe Kapitel 20).

Spaziergang zum Leuchtturm

Mit dem Auto oder auch mit dem *Hitzlöper*, der Strandbahn von St. Peter-Ording, geht es bis zur Schäferei Westerhever kurz vor dem Deich. Daneben befinden sich die Touristinformation im reetgedeckten Info-Hus und ein gebührenpflichtiger Parkplatz. Nur wenige Schritte weiter beginnt der Fußweg zum Leuchtturm. Gleich hinter dem Deich ist schon der Leuchtturm zu sehen. Zwischen zwei baugleichen Wärterhäuschen steht er auf seiner Warft mitten in den Salzwiesen auf einem Hügel, der ihn vor Überflutung schützt. Herrscht »Land unter«, ist der Turm vollständig von Wasser umgeben. Doch normalerweise liegt der Spazierweg trocken, der ab dem Deich in einigen Biegungen um ein geschütztes Gebiet führt und am Leuchtturm endet.

So fällt die Strecke auch etwas länger aus als es der nahe Turm vermuten lässt; sie beträgt rund zweieinhalb Kilometer in einfacher Richtung. Immer wieder zeigt sich der Turm dabei aus anderen Perspektiven und gibt ein schönes

Aus welcher Richtung man auch schaut, der Leuchtturm bietet immer einen besonderen Anblick und ist äußerst fotogen (unten und rechte Seite).

Fotomotiv ab. Es besteht auch ein direkter Weg zum Turm, noch dazu von historischer Bedeutung: Der Stockenstieg aus Klinkersteinen ist ein schmaler Pfad, dem einst die Leuchtturmwärter folgten. Sein Name setzt sich aus den Begriffen Stock, was in diesem Fall Brücke bedeutet, und Stieg, kleiner Weg, zusammen. Der Stockenstieg verbindet den Turm auf gerader Linie mit dem Deich und führt über drei Holzbrücken. Er ist 1,2 Kilometer lang und gerade einmal 45 Zentimeter breit. Im Sommer dürfen Besucher ihn nutzen, allerdings nur außerhalb der Rastzeit der Wildgänse von Juni bis September. In den übrigen Monaten bleibt der Weg gesperrt.

Ausstellung im Wärterhäuschen

Leuchtturm und Stockenstieg wurden ab 1906 errichtet beziehungsweise angelegt. Zwei Jahre später konnte der Leuchtturm den Betrieb aufnehmen. Seit 1979 läuft das Leuchtfeuer automatisch. Die Wärter, die es zuvor betreuten, wohnten in den Häuschen zu beiden Seiten des Turms. Heute ist dort die Schutzstation Wattenmeer untergebracht, zu der auch eine kleine Ausstellung gehört, darin Aquarien mit Nordseebewohnern, eine Forscherecke und jede Menge Informationen zum Thema Naturschutz. Im liebevoll gestalteten Außenbereich des Leuchtturms befinden sich Sitzbänke, Kräuterkästen und ein »Fenster zur Nordsee« in einer Holzwand.

Auf den Turm führt eine Treppe mit 157 Stufen. Von oben bietet sich eine grandiose Aussicht über weite Teile von Eiderstedt sowie die Welt der Nordfriesischen Inseln und Halligen. Eine Besichtigung des Leuchtturms ist nur mit Führung von Ostern bis Ende Oktober nach telefonischer Anmeldung möglich. Kinder dürfen ab acht Jahren teilnehmen. Die Eintrittskarten verkauft das Info-Hus.

Aber auch rund um die Schäferei gibt es einiges zu entdecken. Allein die Schafe und im Frühjahr ihre Lämmer sind nett anzuschauen. Obendrein werden vor Ort Produkte aus Lammwolle, Kunstgewerbliches und Geschenkartikel verkauft und das Schäfer-Café hält sonnige Außenplätze bereit.

SEMINARE IN DER SCHUTZSTATION

Die Schutzstation Wattenmeer im Leuchtturm Westerhever bietet verschiedene Natur-Erlebnis-Seminare an, teils auch mit Übernachtung im historischen Wärterhaus. Dazu gehören etwa Foto-Workshops sowie Vorträge und andere Veranstaltungen zu Naturbeobachtung und Naturschutzarbeit. Auf dem Programm stehen außerdem Wattwanderungen mit unterschiedlichen Schwerpunkten und zu ausgesuchten Themen, unter anderem literarische Wattexkursionen, Nachtwanderungen, vogelkundliche Führungen oder Touren ganz speziell für Kinder.

WEITERE INFORMATIONEN

www.westerhever-leuchtturm.de,
www.gasto-nf.de > Schäfermarkt Hinz
www.schutzstation-wattenmeer.de > Seminarhäuser > Westerhever

Schon der Gang über die lange Seebrücke im Ortsteil Bad ist ein Erlebnis (oben). Strandkörbe gibt es reichlich – Platz zum Glück ebenfalls (rechte Seite oben). Auch in den Beach-Restaurants stimmt das Ambiente (rechte Seite unten).

17 Strände mit Pfahlbauten – Sankt Peter-Ording

Ein Paradies aus Sand, Dünen und Salzwiesen

Wer im Sommer nach »SPO« kommt, wie hier viele sagen, mag kaum glauben, dass die Gemeinde nur knapp 4000 Einwohner zählt. In der Ortschaft und an ihren Strandbadestellen ist jede Menge los. Besonders viele junge Urlauber schätzen Sankt Peter-Ording als einen Hotspot für Surfer. Außerdem verfügt das Nordseeheilbad Sankt Peter-Ording über eine eigene Schwefelquelle.

Mit rund 2,2 Millionen Übernachtungen jährlich ist Sankt Peter-Ording der besucherstärkste Ferienort in Schleswig-Holstein nach der Inselgemeinde Sylt. Er verdankt dies auch seiner besonderen Lage im Westen der Halbinsel Eiderstedt – zentral an der Festlandküste und damit gut zu erreichen, obendrein in einer besonders schönen Region des Weltnaturerbes Wattenmeer. Noch dazu besitzt Sankt Peter-Ording als einziges deutsches Seebad eine eigene Schwefelquelle und darf sich somit »Nordseeheil- und Schwefelbad« nennen.

Ursprüngliche Salzwiesen

Ein zwölf Kilometer langer und bis zu zwei Kilometer breiter Strand säumt die Ortschaft, im Norden von Dünen und bis in den Süden durch angrenzende Salzwiesen von besonderer ökologischer Bedeutung eingerahmt. Ihr Zustand ist weitgehend ursprünglich, anders als viele andere Salzwiesen an der Nordseeküste wurden diese zwischenzeitlich nie beweidet, und es gibt zahlreiche kleine Tümpel. Der nahe am Land gelegene Teil der Salzwiesen wird hier nur noch gelegentlich überflutet. So konnten sich Amphibien wie Grasfrosch, Moorfrosch und die Erdkröte ansiedeln. Kreuzkröten nutzen den Lebensraum für ihre Fortpflanzung.

Typisch für Sankt Peter-Ording sind die dem Hochwasser trotzenden Pfahlbauten an den bewachten Badestellen der verschiedenen Strandabschnitte. Die Wasserwacht, Restaurants und sogar die Strandtoiletten befinden sich in diesen Gebäuden, die bis zu sieben Me-

1270

St. Peter-Ording's
ARCHE NOAH
Strandclub seit 1959

Im Ortsteil »Dorf« erinnert noch einiges an das Sankt Peter von anno dazumal (unten). Durch die Salzwiesen führen herrliche Rad- und Wanderwege (ganz unten). Praktisch und schön anzusehen: Kein Strand ohne Strandkorb (ganze Seite).

ter über dem Strand »schweben«. Ihre Pfähle wurden mit Mannes- und Maschinenkraft bis zu fünf Meter tief in den Sand eingespült.

Aus fünf Dörfern gewachsen

Sankt Peter-Ording ist aus fünf einst getrennten Siedlungen zusammengewachsen – Böhl, Bad, Dorf, Ording und Brösum. Die ersten vier Namen sind auch die der heutigen Ortsteile.

Das ursprüngliche Dorf St. Peter existierte schon im 14. Jahrhundert.
Den traditionellen Kern von St. Peter-Ording bildet der zentrale Ortsteil Dorf, auch wenn sich inzwischen einige moderne Wohngebäude unter die Reetdachhäuser mischen. Hier steht auch die namensgebende Kirche St. Peter, die 1367 erstmals urkundlich erwähnt wurde. Sie hat einen zierlichen Turm auf dem Dach. Die Glocken sind im hölzernen Glockenstapel untergebracht, der neben der Kirche steht. Ein paar Straßen weiter informiert das Museum der Landschaft Eiderstedt über die Besonderheiten der Halbinsel. Die Geschichte lebt auf der Museumsinsel auf. Hier haben Mitglieder der AG Ortschronik einige Gebäude aus alten Zeiten nachgebaut. Zu besichtigen sind etwa das ehemalige Backhaus, ein historischer Eiskeller und das Schipperhus. Im Ortsteil Dorf befindet sich außerdem das Nordsee-Bernsteinmuseum. Es vermittelt Wissenswertes zur Entstehungsgeschichte, zu Transportwegen und zur Verbreitung des fossilen Harzes. Ausstellungsstücke (das älteste ist 14 000 Jahre alt) und Schautafeln veranschaulichen die vielen Facetten der Bernstein-Geschichte, angefangen von der Entstehung vor rund 50 Millionen Jahren über die Verwendung und Verehrung des Schmucksteins bis hin zu modernen Bearbeitungsmethoden. Außerdem gibt es zu Ferienzeiten Kurse im Bernsteinschleifen für Kinder, Vorträge und andere Veranstaltungen. Zwar gilt Bernstein vor allem als das Gold der Ostsee, doch man findet ihn auch hier. Dafür ist allerdings reichlich Gespür erforderlich.
Am Badestrand von Dorf fühlen sich in erster Linie Naturliebhaber wohl. Hier haben die Strömungsverhältnisse über Jahrzehnte eine vor allem von Salzwiesen geprägte Uferzone mit einer Lagune geschaffen, die sich bei Ebbe in eine Wattfläche verwandelt. Dafür fällt der Sandstrand in diesem Bereich recht schmal aus, doch es ist ein herrlicher Platz auch für Wattwanderungen und Spaziergänge entlang der Salzwiesen. Von hier starten auch die ge-

führten Wattwanderungen der Schutzstation Wattenmeer.

Strände für jeden Geschmack

Nördlich von Dorf schließen sich die neueren Ortsteile Bad und Ording an, beide mit weitläufigem Sandstrand und Badestellen, die nahtlos ineinander übergehen. Zunächst Bad, das einen gediegenen Eindruck hinterlässt: Mit seiner 1095 Meter langen Seebrücke, die über die Salzwiesen führt, und der Kurpromenade ist Bad das Zentrum des touristischen Treibens. Hier sind einige größere Hotels und andere Ferienunterkünfte angesiedelt, die Dünentherme mit Wellenbad (siehe Autorentipp) tröstet bei Schietwetter, und am Zugang zur Seebrücke regiert der Sylter »Fisch-König« Jürgen Gosch mit einem Lokal und Straßenverkauf. Weitere Restaurants, Cafés und Geschäfte reihen sich an der Promenade und im anschließenden Ort aneinander. Es gibt einen Minigolfplatz, und im Dünen-Hus laufen Konzerte und andere Veranstaltungen.

Am noch weiter nördlich angrenzenden Strand von Ording herrscht buntes Treiben. Hier finden Kite- und Windsurfer ihr Areal (siehe Kapitel 18). Es gibt genügend Platz, um Drachen steigen zu lassen, eine Piste, die sich für Kite-Buggys eignet und viele schöne Stellen, an denen Familien ihre bunten Strandmuscheln aufbauen können. Strandkörbe sind reichlich vorhanden und weiter ortsauswärts befindet sich ein FKK-Bereich.

Wattenmeer, Dünen und Kieferwald

Zwischen den Salzwiesen und der Ortschaft steht seit mehr als 100 Jahren ein kleiner Kiefernwald, der das Reizklima der Nordsee durch würziges Nadelbaumaroma mildert. Hier verbinden schöne Spazierwege und Nordic-Walking-Strecken die beiden Ortsteile. Dabei sind drei Klimazonen – Wattenmeer, Dünen und der Kiefernwald – auf einer Rundwanderung zu erleben. Von Ording nach Bad geht es am Strand entlang, dann über die Seebrücke bis zur Promenade und der Dünentherme, von dort in Richtung Wald. Sich weiter links haltend führt der Weg durch die Kiefern zurück nach Ording, wobei es einige Varianten gibt. Je nachdem, welche man wählt, beträgt die Gesamtlänge der Strecke rund fünf bis sechs Kilometer.

Der südlichste Ortsteil Böhl ist der Ruhepol von St. Peter-Ording. Mit Ferienwohnungen und Ferienhäusern, Campingplätzen und eigenem Strandbereich ist er bei Familien besonders beliebt – zumal sich hier auch der Westküstenpark mit Robbarium befindet.

EINE THERME IN DEN DÜNEN

Das ganze Jahr über bei Wind und Wetter im Freien baden, mit Blick über die Dünen bis zum Wattenmeer, und dabei die würzige Seeluft atmen: Das geht in der Dünentherme im Ortsteil Bad. Außenbecken und Saunabereich bieten Erholung mit Traumpanorama und einigen Strandkörben. Zu dem mehr als 1000 Quadratmeter großen Freizeit- und Erlebnisbad gehören auch ein Wellenbad und ein Wellness- und Gesundheitszentrum mit Thalasso-Anwendungen. Auch Sankt Peter-Ordings hauseigene Heilmittel kommen natürlich zum Einsatz: Meerwasser, Schlick und Schwefelsole. Gäste des benachbarten StrandGut Resorts, ein Dreisternehotel, haben direkten Zugang zur Dünentherme, die natürlich auch Tagesgästen offensteht.

Info: www.st-peter-ording.de

Dünen Therme: Maleens Knoll 2, Tel. 048363-99 91 61

WEITERE INFORMATIONEN

www.st-peter-ording.de,
www.nordsee-bernsteinmuseum.de,
www.westkuestenpark.de

Küstenlandschaft zur Blauen Stunde bei St. Peter-Ording: Die Flut hat die Dünen und Salzwiesen überspült.

18 Surfer's Paradise – der Strand von Ording

Ein Traum aus Sand, Wind und Wellen

Grenzenlose Weite, viel Platz für Vans und Bullis und reichlich Wind bietet der Badestrand im nördlichsten Ortsteil von Sankt Peter-Ording. Das und ein hippes Angebot an Unterkünften, Restaurants und Cafés lockt zahlreiche Surfer an. Kites in allen Farben ziehen über das Wasser und stehen am Himmel, denn hier kann man auch bestens Drachen steigen lassen.

Schon seit vielen Jahren kommt die Weltelite des Surfsports nach »SPO«. Der Strand von Ording ist bekannt für große Events wie den Kitesurf World Cup, auch wenn dieser im Jahr 2016 nach Fehmarn wechselt, weil das Nationalparkamt neue Auflagen für die Veranstaltung festgelegt hat. Zum Schutz des Lebensraums, vor allem der Vogelwelt, werden derzeit auch Beschränkungen für Kitesurfer im Nationalpark Wattenmeer diskutiert. Doch die Zukunft ist offen, und Sankt Peter-Ording bietet als Top-Spot der Surfszene perfekte Bedingungen im Wasser wie am Strand. Im August 2016 legen die Kitesurf Masters, die offizielle deutsche Meisterschaftsserie, hier einen Tourstopp ein. Die Tourismus-Zentrale stellte allerdings inzwischen in der regionalen Presse klar, dass Kiter auch künftig genauso wie alle anderen Wassersportler in St. Peter-Ording sehr willkommen seien.

Die Kraft des Windes

Am breiten Strand, an den eine riesige Parkfläche mit Meerblick angrenzt – perfekt geeignet für Bullis und Wohnmobile – ist reichlich Platz vorhanden. In der Nähe haben sich trendige Unterkünfte wie das Beach Motel und Lokale angesiedelt. Direkt am Strand führt das Wassersportcenter X-H2O Surfkurse durch, betreibt einen Ausrüstungsverleih und eine eigene Beachbar. Von dort können die Gäste dem Treiben auf dem Wasser zusehen, über

Mit einer steifen Brise fängt das Glück des Surfers an (unten). Trockener bleibt man beim Kitebuggy-Fahren (rechte Seite oben). Ein Kite-Surfer, noch ohne sein Board, testet den Wind (rechte Seite unten).

dem sich die Schirme der Kite-Surfer und die Segel der Windsurfer blähen. Auch der Trendsport Stand-up-Paddling ist hier möglich. In Richtung der Dünen gibt es eine Strecke für Kitebuggys und eine spezielle Fahrschule, die auch Schnupperkurse veranstaltet. So kann man sich von der Kraft des Windes über den Strand ziehen lassen.
Neben der Kitezone liegen in beiden Richtungen die Badestellen mit Strandkorbverleih, in Richtung Süden vom Ortsteil Bad und in Richtung Norden vom Ortsteil Ording mit FKK-Bereich. Im Textil-Terrain stehen die ortstypischen Pfahlbauten (siehe Kapitel 17) mit sanitären Anlagen, Wasserwacht und Beach-Lokalen. Vor den Strandkörben breitet sich eine große Fläche aus, auf der im Sommer vor allem Familien bunte Strandzelte und -muscheln aufschlagen, die vor Sonne und Wind schützen. Außerdem gibt es rund um die Badestelle viel Platz, um einen Lenkdrachen steigen zu lassen, sodass es auch am Himmel äußerst farbenfroh zugeht.

Ein Fest der Drachen

Jedes Jahr an einem Wochenende im August veranstaltet Sankt Peter-Ording ein Drachenfestival. Es reisen dazu Drachenfreunde aus ganz Deutschland und vielen anderen Ländern an. Die bunten Kunstwerke werden bei verschiedenen Shows vorgeführt. Wortwörtlich ein Highlight bildet die Nachtflugshow, bei der beleuchtete und selbst strahlende Drachen effektvoll in die Lüfte steigen. Livemusik begleitet das Event, eine Schlemmermeile und ein Kinderprogramm mit Aktivitäten wie Drachen basteln, Schminken, Jonglieren oder Bungeetrampolin flankieren die Veranstaltung.
Trotz des Trubels und vieler Gäste im Sommer bietet der Strand von Ording auch ruhige Abschnitte und echte Naturerlebnisse. Die Bereiche für den Wassersport sind klar begrenzt und abseits davon eröffnet sich die stille Schönheit des Wattenmeeres. Ausgedehnte Strandspaziergänge führen durch die Lebensräume der Salzwiesen bis an den südlichen Ortsrand. In nördlicher Richtung kann man dem Strand noch gut zwei Kilometer weit folgen. Bei Ebbe zieht sich das Meer weit zurück und bietet ein Areal für Wattspaziergänge. Die aktuellen Uhrzeiten von Hoch- und Niedrigwasser sind bei der DLRG-Station angeschrieben und auch im Internet zu finden. Natürlich finden auch geführte Wattwanderungen statt.

STRANDBAR 54° NORD

Über der Nordsee »schweben« und schwelgen: Das Beach-Restaurant am Strand von Ording ist ein besonders schöner Platz für einen Snack, ein Mittagessen mit regionalen Spezialitäten oder einen Drink nach dem Baden. Wie vieles hier steht es auf Pfählen, je nach Gezeiten auch mal mitten im Meer, und ist über eine Brücke erreichbar. Das Lokal ist trendig-schlicht gestaltet mit warmem Holz und weißen Sitzbänken. Es zog in einen Pfahlbau mit Geschichte ein: Schon ab 1911 stand hier die erste »Giftbude«, so nannte man auf Plattdeutsch Buden, in denen es für die hungrigen Badegäste »etwas gibt« (wat geev). Das Gebäude wurde bei der Sturmflut 1936 zerstört und nach dem Zweiten Weltkrieg zunächst als Badekabine mit Schankerlaubnis für Alkoholika wieder errichtet.

WEITERE INFORMATIONEN

Strandbar 54° Nord:
Strandweg 999,
Tel. 04863-47 81 75,
www.strandbar-spo.de

Der Hafen mit seiner Klappbrücke – links im Bild – ist ein Schmuckstück. Auch das Ortszentrum mit seinen dekorativen Hausfassaden kann sich sehen lassen (rechte Seite unten).

19 Historischer Hafen an der Eidermündung – Tönning

Wegbereiter für den Nord-Ostsee-Kanal

Der Bade- und Luftkurort Tönning hat einen Hafen mit bewegter Geschichte und ist heute ein idyllischer Platz zum Bummeln und Verweilen mit vielen schönen Perspektiven. Besonders beeindruckt das mächtige Packhaus mit seiner 77,5 Meter langen Fassade. Im Multimar Wattforum am Ortseingang werden Nordseewelten zum Erlebnis.

Obwohl Tönning immerhin ein Städtchen mit rund 5000 Einwohnern ist, wirkt es rund um den Hafen wie ein Fischerdorf. Viele Häuser zeichnen liebevolle maritime Details aus, alte Segelboote liegen vertäut und eine weiße Holzklappbrücke macht die Idylle perfekt. Den Blick können Besucher auch von den Sommerterrassen der Lokale aus genießen, die sich an der nördlichen Hafenseite am Wasser aufreihen.

Der bereits seit 1613 bestehende Hafen ist von besonderer historischer Bedeutung. Im späten 18. Jahrhundert bildete er das Tor des damaligen Eider-Kanals, der über den Flusslauf der Eider die Städte Rendsburg und Kiel erreichte. Die Wasserstraße war die erste schiffbare Verbindung der beiden schleswig-holsteinischen Meere und damit der Vorläufer des heutigen Nord-Ostsee-Kanals.

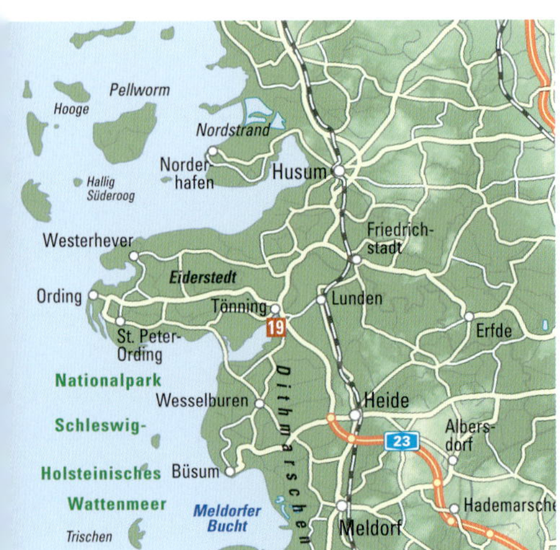

Ausstellung im Kanalpackhaus

Der Eider-Kanal wurde am 18. Oktober 1784 mit einer Probefahrt des Seglers *Rendsburg* eröffnet. Bereits ein Jahr zuvor war das Packhaus errichtet worden, ein Speichergebäude mit großen Flügeltüren, das noch immer das Zentrum des Tönninger Hafens beherrscht. Es steht unter Denkmalschutz und beherbergt im ersten Stock eine Ausstellung zur Geschichte der Stadt im Wandel der Zeiten, angefangen bei den Wikingern über die Festungsära des 17. Jahrhunderts bis in die Moderne.

Zur Weihnachtszeit verwandelt sich das schon rein äußerlich beeindruckende Packhaus in einen riesigen Adventskalender, der es sogar ins Guinnessbuch der Rekorde schaffte. Daneben veranstaltet das Kanalpackhaus einen Kurs und sogar eine jährliche Meisterschaft im Krabbenpulen. In dem Gebäude nebenan können Gäste ganzjährig Fisch genießen: Die Alte Fischereigenossenschaft bietet fangfrischen Fisch im Direktverkauf und ein angeschlossenes Lokal, in dem Spezialitäten wie die Tönninger Krabbenbrötchen auf der Karte stehen.

Meeresbewohner zum Anfassen

Bereits an der Zufahrtsstraße zum Hafen liegt das Multimar Wattforum, eine der touristischen Hauptattraktionen der Region. Das Erlebnisaquarium heißt offiziell »Informationszentrum für den Nationalpark Wattenmeer in Schleswig-Holstein«. Mit einer Ausstellung zu Watt, Walen und dem Weltnaturerbe lädt es an einigen Stationen auch zum Erforschen und Ausprobieren ein. So können Besucher im Brandungsbecken selbst Wellen erzeugen. Es gibt auch ein Streichelbecken mit Meerestieren. Mutige können dort Seesterne, Krabben und Plattfische anfassen.

In den insgesamt 37 großen Aquarien des Multimar Wattforums versammeln sich mehr als 280 Arten von Fischen, Krebsen und Muscheln aus der Nordsee. Außerdem ist hier natürlich alles über das Weltnaturerbe und den Nationalpark Wattenmeer zu erfahren, das Zuhause zahlreicher Lebewesen von winzigen Einzellern bis hin zu den großen Kegelrobben. So wird unter anderem erklärt, welche Bedeutung Miesmuscheln für die Klarheit des Wassers haben oder wie Seepocken Nahrung fangen. Der Ausstellungsbereich »Giganten der Meere« informiert über die im Nationalpark heimischen Schweinswale. Den Höhepunkt stellt das Skelett eines Pottwals dar, bestehend aus 157 Knochen und 48 Zähnen. Es stammt von einem fast 18 Meter langen und 45 Tonnen schweren Bullen, der vor einigen Jahren im Wattenmeer strandete. An der einen Seite des Kopfes sind noch Spuren zu sehen, die wohl vom Kampf mit einem Riesenkraken stammen. Die Besonderheiten der Bartenwale zeigt das Skelett eines in Nordfriesland gestrandeten Zwergwals. Ein Ausflug ins Multimar Wattforum lohnt sich also immer.

NATURZENTRUM KATINGER WATT

Rund 15 Kilometer westlich von Tönning und noch zum Ortsgebiet gehörend, finden Naturfreunde einen weiteren schönen Platz vor. Das Naturzentrum Katinger Watt mit Ausstellung (regulär von April bis Oktober, im Winter auf Anfrage) liegt im ehemaligen Watt- und Salzwiesengebiet der Eidermündung. Dieses hat sich als Vogelschutzgebiet mit Wiesen und Wäldern zu einem Refugium für Pflanzen und Tiere entwickelt, naturschonend beweidet von schottischen Hochlandrindern. Anzutreffen sind Wiesenvögel wie der Säbelschnäbler und der Kiebitz, außerdem Graugänse und Seeadler mit ihren Jungen. Orchideen und neue Salzwiesen vor den Dämmen breiten sich hier weitflächig aus. Das Naturzentrum wird vom Naturschutzbund Deutschland betrieben. Das NABU-Team unternimmt auch spannende Exkursionen durch das Gebiet und den angrenzenden Nationalpark Wattenmeer.

WEITERE INFORMATIONEN

www.toenning.de,
www.packhaus-toenning.de
NABU-Naturzentrum Katinger Watt,
www.nabu.de

In den imposanten Bauernhäusern, Haubargen genannt, leben Menschen und Tiere unter einem Dach (oben). Garding ist gewissermaßen die Hauptstadt der Halbinsel Eiderstedt (rechte Seite).

20 Friesendörfer und Haubargen – die Halbinsel Eiderstedt

Mächtige Reetdächer, ländliche Idylle

Viele kommen wegen Sankt Peter-Ording, dem Leuchtturm Westerhever oder der Hafenstadt Tönning nach Eiderstedt. Doch die rund 450 Quadratkilometer große Halbinsel hat noch mehr zu bieten, etwa schmucke Friesendörfer wie Tetenbüll mit seinem historischen Kaufmannsladen. Auch die Theodor-Mommsen-Stadt Garding lockt Besucher an. Mit den Haubargen hat Eiderstedt zudem ganz besondere Bauernhäuser.

Die nordfriesische Halbinsel, die wie eine Nase aus dem Gesicht der Westküste herausragt, misst rund 30 Kilometer in der Länge und 15 Kilometer in der Breite. Sie ist ab dem frühen 13. Jahrhundert durch Landgewinnung entstanden. Angesichts der ursprünglich anmutenden Landschaft mit ihren historischen Ortschaften wirkt es, als habe es sie schon immer gegeben. Als zentrale Verkehrsader führt die Bundesstraße 202 durch die Landschaft.

Haubargen: riesige Bauernhäuser

Eine bauliche Besonderheit der Halbinsel Eiderstedt sind die Haubargen. Es handelt sich dabei um besonderes große, alte Bauernhäuser. Sie dienten als komplette landwirtschaftliche Betriebe, in denen Mensch und Tier lebten; also Herrschaft, Gesinde und Vieh unter einem riesigen, mit Reet gedeckten Dach, natürlich in getrennten Räumen. Der Begriff Haubarg bedeutet so viel wie »Heu bergen« und bezeichnet eine Stätte zum Stapeln von Heu. Die aus den Niederlanden stammende Bauform ist in Deutschland nur auf der Halbinsel Eiderstedt verbreitet. Sie kam im späten 16. Jahrhundert zusammen mit westfriesischen Einwanderern, die den Bautyp des Gulfhauses mitbrachten. Noch bis in die zweite Hälfte des 19. Jahrhunderts hinein waren solche Bauernhäuser mit insgesamt rund 450 Haubargen stark vertreten. Übrig geblieben ist davon nur ungefähr ein Zehntel.

Auch mit Ziegeldach sind die Friesenhäuser ein Hingucker (unten und ganz unten). Schafe gehören wie selbstverständlich zur Landschaft (rechte Seite).

Die meisten der knapp 50 Haubargen befinden sich heute in Privatbesitz und sind öffentlich nicht zugänglich. Eine Ausnahme bildet der Rote Haubarg im Nordwesten der Halbinsel bei Witzwort. Er wurde 1647 errichtet und ist nicht, wie der Name nahelegt, von roter Farbe, sondern außen weiß gestrichen. Im Roten Haubarg befinden sich ein Restaurant und ein Museum (Eintritt frei), das über das Leben auf dem Haubarg informiert und Einblicke in die gewaltige Dachkonstruktion gewährt. Es zeigt landwirtschaftliche Maschinen und Geräte aus den letzten Jahrhunderten. Modelle und Schautafeln veranschaulichen den Aufbau dieser einzigartig konzipierten Höfe. Ein weiterer Haubarg mit Angeboten für Besucher ist der Mars-Skipper-Hof in Kozenbüll bei Tönning mit einem »Garten für die Sinne«. Hier werden unter anderem auch Führungen angeboten.

Ein großer Geist aus Garding

Im Zentrum der Halbinsel Eiderstedt und als ihr wirtschaftlicher Mittelpunkt liegt die Stadt Garding mit rund 2500 Einwohnern an der B 202. Der überschaubaren Ortschaft verlieh Johann Adolf, Herzog von Schleswig-Holstein, im Jahr 1590 die Stadtrechte. Ihre St.-Christians-Kirche (wohl 12. Jahrhundert) steht auf der höchsten Erhebung der Region. Der romanische Ursprungsbau wurde im 15. Jahrhundert im gotischen Stil überformt. Der Kirchturm, immer noch der höchste Punkt von Eiderstedt, diente lange als Seezeichen.

Die Gassen und Straßen des Städtchens laufen sternförmig auf das Gotteshaus zu. Bei der Kirche, fast direkt gegenüber der Touristinformation, steht ein Denkmal für den berühmtesten Sohn der Stadt: Der Nobelpreisträger Theodor Mommsen (1817–1903) arbeitete als Historiker und Professor für Rechtswissenschaften. Für seine umfassenden, bis heute fundamentalen Publikationen zur römischen Geschichte und zum römischen Staatsrecht erhielt er 1902 als erster Deutscher den Literatur-Nobelpreis. Neben seinem Geburtshaus am Markt wurde eine Gedenkstätte mit einer kleinen Ausstellung zum Leben und Wirken des Gelehrten eingerichtet.

Ungefähr sieben Kilometer südlich von Garding befindet sich die Badestelle Vollerwiek mit Liegeflächen auf einer Seedeich-Wiese, Strandkörben, Süßwasserduschen und Sandkästen für Kinder. Auch ein Bereich für Hunde ist vorhanden.

Hökern wie anno dazumal

In der Gegenrichtung führt eine Abzweigung der B 202 nach Tetenbüll. Das Hauptdorf der 650-Einwohner-Gemeinde hat etwas ganz Besonderes zu bieten: Haus Peters, ein Kolonialwarenladen von anno dazumal. Das kleine Geschäft in dem historischen Backsteinhaus wurde vor fast 200 Jahren eröffnet und sieht heute noch fast genauso aus wie damals mit seinem Holztresen, den Schublädchen, Regalen und Fässern. Heute können Besucher hier stilvolle Souvenirs und regionale Produkte kaufen, etwa Seifen und Tees, Porzellan und Lavendelsäckchen, hübsche Postkarten und andere Dinge.

Zugleich beherbergt Haus Peters ein Museum. Küche und Stuben sind noch weitgehend mit dem gründerzeitlichen Mobiliar der ehemaligen Hausbesitzer ausgestattet. Historische Küchengeräte, aber auch eine Sammlung mit Eiderstedt-Fotografien (1904–1936) von Theodor Möller und Markenprodukte samt ihren Verpackungen aus alter Zeit komplettieren die Museumseinrichtung. Außerdem werden wechselnde kunst- und kulturgeschichtliche Ausstellungen präsentiert. Hinter dem Haus lädt ein Bauerngarten zum Verweilen ein.

Haus Peters gilt als die älteste ländliche Hökerei in Schleswig-Holstein, die an ihrem Ursprungsort erhalten werden konnte. Sie hat ihren Namen von der Familie Peters, deren Vorfahr Tobias Peters das Gebäude gegen 1760 errichten ließ. Etwa 1860 entstanden um den Wohntrakt »Haubarg-artige« Anbauten, die 1956 abgerissen wurden. So gilt Haus Peters heute auch als kulturhistorisches Baudenkmal und vermittelt einen Eindruck vom dörflichen Leben im 18. und 19. Jahrhundert.

Rund um Tetenbüll

Auch ansonsten ist Tetenbüll einen Bummel wert mit seinen schönen Häusern und der Kirche St. Anna (geweiht um 1400) im Zentrum. Drei Kilometer vom Dorf entfernt gibt es ein besonderes Café: In der Alten Schule in Warmhörn ist der Gastraum wie ein Museum mit Schulausstattung aus den 1940er- und den 1950er-Jahren gestaltet.

Auch eine grüne Badestelle gehört zur Gemeinde. Der Tetenbüllspieker, auch Evershop-Siel genannt, befindet sich am nördlichen Ufer der Halbinsel Eiderstedt, rund acht Kilometer vom Dorf entfernt – mit Spielplatz und Duschen, einem kleinen Bootshafen und einem Restaurant. Urlauber, die den ländlichen Charme der Halbinsel ganz und gar genießen möchten, finden Fremdenzimmer und Ferienwohnungen auch auf dem Bauernhof vor.

MELKHUS LAMMERSWARFT

An der nördlichen Küste der Gemeinde Westerhever, zu der auch der schmucke Leuchtturm gehört (siehe Kapitel 17), liegt der Hof der Familie von Ahnen. Urlauber können im Melkhus hofeigene Produkte (Lamm und Rind) kaufen oder eine der Ferienwohnungen buchen, die in den 1780 und 1781 erbauten Reetdachhäusern untergebracht sind. Der Hof befindet sich auf einer Warft mitten im Vogelschutzgebiet und direkt am Nordsee-Küstenradwanderweg. Zum Gelände gehören schöner alter Baumbestand und ein großer, windgeschützter Bauerngarten, der zum Erholen und Spielen genutzt werden darf.

WEITERE INFORMATIONEN

www.eider-stedt.de,
www.garding.de,
www.hauspeters.info,
www.lammerswarft.de,
www.melkhus-westerhever.de

21 Küstenschutz als Erlebnis – das Eidersperrwerk

Fünf mächtige Sieltore

Um schnell auf die Halbinsel Eiderstedt zu gelangen, liegt es nahe, die B 5 als direkte Verbindung zu nutzen. Doch es gibt noch eine landschaftlich reizvollere Strecke, die obendrein durch das Eidersperrwerk führt. Was schnöde klingt, eröffnet einen eindrucksvollen Blick auf den Küstenschutz. Beim Aussichtspavillon bekommt man außerdem knackfrische Fischbrötchen.

Der Umweg über das Eidersperrwerk erfordert zwar Zeit, zumal diese Variante durch das Dithmarscher Agrarland führt und entsprechend viele Traktoren unterwegs sind. Auch ist einzuplanen, dass sich das Sperrwerk regelmäßig für Schiffe öffnet und die Straße so lange blockiert bleibt – aber der Abstecher lohnt sich. Einerseits, um das Industriebauwerk in Augenschein zu nehmen, andererseits, um ein Fischbrötchen zu verspeisen. Bereits an der Strecke liegen kleine Hofläden und andere gute Gründe für einen Zwischenstopp, beispielsweise das Kohlosseum in Wesselburen (siehe Autorentipp). So ist hier schon der Weg das Ziel und eine tolle Alternative zur üblichen Route.

Fünf mächtige Schleusentore

Zum Eidersperrwerk geht es aus Richtung Süden über die Autobahn A 23 bis Heide-West und dort auf die B 203. Am Kreisverkehr kurz vor Büsum biegt man rechts in Richtung Wesselburen/St. Peter-Ording ab und folgt der Landstraße bis zum Wesselburenerkoog. Von Norden führt die Strecke über Tönning zu der beindruckenden Anlage.

Direkt beim Sperrwerk gibt es einen großen Parkplatz. Hier können Besucher auf den Deich gelangen und einen ersten Blick über die Nordsee schweifen lassen. Eine Treppe führt auf das riesige Küstenschutzbauwerk, über das man zu Fuß auf dem Plateau der Tunneldecke bis zur anderen Seite gelangt. Dabei lässt sich

Imposante Perspektiven bieten sich auch von der nördlichen Seite des Eidersperrwerks (unten). Für den Blick ins Wattenmeer steht ein Fernglas bereit (rechte Seite oben). Wind und Kohl gibt es in Dithmarschen reichlich (rechte Seite unten).

das Schleusengeschehen aus nächster Nähe verfolgen. Der Anblick, wie das Wasser durch die fünf riesigen Tore rauscht, ist überaus eindrucksvoll. Sie wurden in zwei separaten Reihen angeordnet, um eine doppelte Deichsicherheit zu gewährleisten. Zwischen den Torreihen führt eine Straße durch einen 236 Meter langen Tunnel. Die zugehörige Schleuse ist mit doppelten Toren konstruiert. Sobald ein Schiff das Werk passieren muss, wird ein Stück der Straße hochgeklappt; für die Autofahrer leuchtet dann eine rote Ampel. Interessierte können die Schleusung auch auf einer Bootsfahrt hautnah miterleben. Möglich ist dies bei Eiderfahrten, die bis zu den Seehundbänken gehen. Führungen durch das Sperrwerk bietet der Tourismusverein Wesselburen an.

Panorama mit Krabbenbrötchen

Das Eidersperrwerk ist eines der größten Küstenschutzkonstrukte Europas. Es wurde zwischen 1967 und 1973 errichtet, um den Wasserstand zwischen Binnenhafen und Nordsee zu regulieren. Die jeweils 40 Meter langen Sieltore lassen bei Ebbe das Eiderwasser in die Nordsee fließen. Bei Flut wiederum geben sie das Nordseewasser in die Eider frei. Im Fall einer Sturmflut werden beide Torreihen geschlossen. Von oben eröffnet sich eine grandiose Aussicht auf beide Gewässer. Den Blick über die stille Eidermündung können auch Gäste des Aussichtspavillons genießen, zu dem ein Shop mit Nordsee-Souvenirs und ein Fischimbiss gehören. Das Lokal ist besonders für seine frischen Krabbenbrötchen bekannt, auf den Tisch kommen aber auch noch andere Köstlichkeiten von der Küste. Vom Parkplatz aus kaum zu erkennen, verbergen sich hinter dem Pavillon noch weitere Sitzbänke und Tische. Von hier aus, abseits der Straße, ist der Eider-Blick besonders schön.
Die Inhaberfamilie Rohr betreibt den Aussichtspavillon seit 1974. Inzwischen hat sie ihn durch eine zweite Station erweitert, die etwas weiter nördlich liegt, auf der anderen Seite des Sperrwerks. Im Fischbistro Katinger Watt (nahe dem NABU-Naturzentrum) können auch Auto- oder Motorradfahrer, die aus Richtung Sankt Peter-Ording kommen, eine Rast einlegen, bevor es durch das Sperrwerk geht. Hier zweigt auch die Straße nach Tönning ab, sodass sich der Ausflug mit einem Abstecher ins Hafenstädtchen (siehe Kapitel 19) kombinieren lässt.

KOHLOSSEUM UND DITHMARSCHER KOHLTAGE

Direkt an der Strecke zum Eidersperrwerk liegt die Ortschaft Wesselburen. Hier ist die Dithmarscher Bauerntradition lebendig: Im historischen Gebäude der ehemaligen Wesselburener Sauerkrautfabrik ist das Kohlosseum untergebracht, ein Museum mit Bauernmarkt. Die Ausstellung informiert über die geschichtlichen Hintergründe des Kohls, seine Anpflanzung und Verarbeitung. Ein Schwerpunkt liegt auf der Herstellung von Sauerkraut, die Gäste in der Krautwerkstatt verfolgen können. Auf dem Bauernmarkt gibt es eine große Auswahl an Kohlprodukten, darunter auch Sauerkrautschnaps oder Pflegeprodukte auf Kohlbasis. Regelmäßig findet in den Hallen ein Antik- und Flohmarkt statt. Deutschlands »Kohlkammer« Dithmarschen liefert jährlich rund 80 Millionen Kohlköpfe. Das wird Jahr für Jahr groß gefeiert – bei den Dithmarscher Kohltagen im Herbst.

WEITERE INFORMATIONEN

www.wsv.de, www.adler-schiffe.de
www.kohlosseum.de,
www.dithmarscher-kohltage.de

Büsum ist etwas anders als viele Nordseestrände – gerade das macht den Reiz der Stadt aus, auch was den grünen Strand betrifft (oben). Eine Fahrt mit einem schmucken Krabbenkutter ist ein besonderes Erlebnis (rechte Seite unten). Ein mutterloser Heuler in der Seehundstation (rechte Seite oben).

22 Wo die Krabbe sich einen Namen machte – Büsum

Ein Kutterhafen und grüne Strände

Die Nordseegarnele, gemeinhin als Nordseekrabbe bezeichnet, ist die wohl bekannteste Spezialität der Region Wattenmeerküste. Als »Hauptstadt« der Krabben gilt Büsum. Hier dreht sich alles um die Schalentierchen. Besucher können im *museum am meer*, im Kutterhafen und auch als Gast auf einer Krabbenfangfahrt mehr erfahren – und natürlich auch probieren.

Das Zentrum des geschäftigen wie auch touristischen Treibens bildet der Ausflugs- und Fischereihafen von Büsum. Hier liegt eine der größten Krabbenkutter-Flotten Schleswig-Holsteins, sofern sie sich nicht auf See befindet. Gäste können die Meeresfrüchte fangfrisch direkt vom Boot kaufen – selbst gepult und direkt vom Meer in den Mund sozusagen, so schmecken sie am besten.

Auf Krabbenfangfahrt

Regelmäßig starten im Sommer Kutter zu Krabbenfangfahrten mit Gästen. Dabei informieren die Kapitäne über Fangtechniken. Was da in den Netzen landet, wird gemeinsam untersucht und erklärt, außer der Nordseegarnele gehören meist auch kleinere Fische, Krebse, Muscheln und Schnecken zum Beifang. Die Tiere landen dazu in einem Meerwasserbassin und anschließend wieder in der Freiheit, sofern sie nicht verwendbar sind. Noch an Bord werden die Krabben gekocht, gepult und gekostet. Solche Fahrten sind besonders für Kinder spannend. Einige Kapitäne verleihen dabei auch gern mal ein »Wattenschifferpatent«.
In Büsum informiert das *museum am meer* über den Alltag der Küstenfischer und die Krabbenverarbeitung. Aus seinen Fenstern können Besucher die moderne Krabbensiebanlage im Hafen sehen. Auch eine virtuelle Fahrt auf einem Krabbenkutter ist im Rahmen der Ausstellung möglich. Außerhalb des Museumsgebäudes

berichten neun Schautafeln vom historischen Krabbenfang, dem Fanggeschirr der Krabbenfischer und über andere Themen. Dieser fischereigeschichtliche Spaziergang führt vom Leuchtturm bis zum Museum.

Alte Schätze im Museumshafen

Der Rundgang schließt auch den Büsumer Museumshafen mit ein. Dort sind ganzjährig schmuck restaurierte Schiffe zu bewundern, etwa die Gaffelkutter *Margaretha* oder *Fahrewohl* und der alte Seenotretter *Rickmer Bock*. Rundherum verteilen sich weitere Relikte aus früheren Seefahrerzeiten, unter anderem ein Molenfeuer, der Nachbau des ersten hölzernen Büsumer Leuchtturms von 1878, ein alter Hafenlastenkran und die sogenannten Schott-schen Karren, mit denen einst die Fische und Krabben transportiert wurden.
Über die Deichgeschichte der Westküste von 1200 bis zum 21. Jahrhundert informiert das Büsumer Freilicht-Deichmuseum an der Mittelweide. Es ist am besten über den Parkplatz P 1 zu erreichen oder über den Fahrradweg am Deich. Hier können drei nachgebaute Deiche ganzjährig begangen werden. Sie stammen aus den Jahren um 1200, um 1600 und um 1800 und machen deutlich, wie unterschiedlich die Küstenschutzbauwerke der jeweiligen Zeit aussahen. Schautafeln berichten unter anderem davon, welche verschiedenen Deichprofile es gibt und wie Deiche überhaupt erst entstanden. Zwischen den Deichen laden Picknickbänke zur Rast ein.

Am grünen Strand von Büsum

Anders als am Sandstrand im nahen Ferienort Sankt Peter-Ording dominiert die Farbe Grün am Strand von Büsum. Was die einen als Defizit empfinden, verschafft anderen die willkommene Möglichkeit, sich ohne Sandkribbeln im Rücken auf einer Decke auszustrecken. Auch Strandkörbe werden vermietet. Für Badespaß bei jedem Wetter sorgt das Erlebnisbad Piratenmeer.
Nahe Büsum bietet sich ein Besuch im Steinzeitpark Dithmarschen an. Er befindet sich in Albersdorf nahe der A 23 bei Heide. Hier wurde eine urgeschichtliche Kulturlandschaft der Zeit um 3000 v. Chr. auf einem rund 40 Hektar großen Freigelände rekonstruiert. Rund um den Luftkurort Albersdorf liegen auch zahlreiche Großsteingräber und Grabhügel verstreut.

SEEHUNDSTATION FRIEDRICHSKOOG

Südlich von Büsum befindet sich die einzige autorisierte Aufnahmestelle für verlassen oder erkrankt aufgefundene Robben in Schleswig-Holstein. In der Seehundstation Friedrichskoog e V. werden Heuler, also Jungtiere ohne Mutter, aufgepäppelt. Besucher können sich ganzjährig über Seehunde, Kegelrobben und andere heimische Meeressäuger informieren und dabei auch einiges über die Biologie, Gefährdungen und Schutzmaßnahmen im Lebensraum Wattenmeer erfahren. Die Heuler sind abgeschirmt, damit sie problemlos wieder ausgewildert werden können. Die Station hat aber auch einige Dauergäste, ausgewachsene Seehunde und Kegelrobben, die man besuchen darf. Als gemeinnütziger Verein finanziert sich die Station komplett aus Eintritts- und Spendengeldern.

WEITERE INFORMATIONEN

www.buesum.de, www.rahder.de (Reederei Krabbenfangfahrten), www.piraten-meer.de
Infos: www.seehundstation-friedrichskoog.de

Die Ostfriesischen Inseln

Sieben Naturschönheiten mit eigenem Charakter

Die traditionellen Badekarren sind heute ein Inselschmuck, so wie hier auf Borkum (links). Auch das Memmertfeuer auf Juist wandelte sich vom Zweck zur Zierde (oben). Noch immer in Gebrauch sind die bunten Borkumer Strandzelte (unten).

Diesen Anblick gibt es nur auf Borkum: Historische Strandzelte mischen sich unter die gewohnten Strandkörbe (oben). Der weitläufige Strand lädt zum Durchatmen ein (rechts oben). An der Kurpromenade trifft man sich zum Sundowner (rechts unten).

23 Weit weg vom Alltag – Borkum

Hochseeklima, Milchbuden und Strandzelte

Auf Borkum ist so manches anders als auf den übrigen Ostfriesischen Inseln: das Klima, die Beachbars und sogar die Strandkörbe, die hier – zumindest teilweise – gar keine Körbe sind, sondern eine äußerst farbenfrohe Sitzgelegenheit. Kulturelle Bedeutung haben die historischen Kureinrichtungen und einige Seezeichen aus dem 19. Jahrhundert.

Borkum trennen rund 30 Kilometer vom Festland. Das macht sich bemerkbar: Als einzige Ostfriesische Insel herrscht hier ganzjährig Hochseeklima. Die Luft ist besonders arm an Pollen und reich an Jod – ein ideales Reiseziel für Allergiker. Der nahe Golfstrom sorgt das ganze Jahr über für ein ausgeglichenes, mildes Klima. Auch die geografische Lage zeichnet Borkum aus: Die Insel liegt bereits vor der niederländischen Küste. Mit einer Fläche von rund 31 Quadratkilometern ist sie außerdem die größte der Ostfriesischen Inseln.

Promenieren im Nordbad

Das Nordseeheilbad, ein anerkannter Thalasso-Standort, verfügt über viele Kureinrichtungen. Rund 250 000 Gäste besuchen Borkum jährlich. Sie tummeln sich hauptsächlich im Nordbad, dem zentralen Promenadenstrand vor dem Inselstädtchen Borkum. Die vorgelagerte Sandbank des Borkumriffs bietet Schutz und hat einen flachen Badebereich geschaffen, den die Brandung kaum beeinflusst. Im Zentrum des Treibens am Ufer steht die Kur- und Wandelhalle mit Panoramablick über die Promenade und das Meer. Hier gibt es Konzerte und andere Veranstaltungen für Gäste jeden Alters, außerdem eine Schlangen- und Reptiliensammlung, eine Malschule und einige Geschäfte. In der Trinkkurhalle wird bereits seit 1946 ein gesundheitsförderndes Meerwassergetränk gereicht.
An die Gründerzeit des Seebads erinnert der Musikpavillon. Im Jahr 1911 gebaut, machte er die Promenade schon damals zu einem beliebten Inseltreff. Der Platz, der ihn umgibt, die sogenannte Wandelbahn, wurde zum 100-jährigen Jubiläum aufwendig saniert. Einige Cafés

Der Neue Leuchtturm von Borkum bietet eine grandiose Aussicht (unten). Naturliebhaber und Ruhesuchende zieht es ins Südbad (ganz unten). Im Hafen legt auch die Inselfähre an (rechte Seite oben).

und Bars laden zum Verweilen bei einem Kaffee oder Sundowner ein.

Östlich des Nordbads bleibt ein Strandbereich extra für die heranwachsenden Inselgäste reserviert: das Jugendbad, an dem es auch mal lauter zugehen darf. Hier stehen jede Menge Sportmöglichkeiten zur Verfügung, unter anderem Beachvolleyball, Basketball und Torwandschießen. An der Strandpromenade zwischen dem Nordbad und dem Jugendbad weisen ein symbolischer Grenzpfosten und Informationstafeln darauf hin, dass sich hier der nordwestlichste Landpunkt Deutschlands befindet.

An das Jugendbad wiederum schließt sich in nordöstlicher Richtung der FKK-Badestrand von Borkum mit Hundezone an. Da gefällt es, dass auch eine Strandsauna vorhanden ist, mit der Nordsee als Kalttauchbecken vor der Tür. In den Dünen versteckt sich eines der schönsten Beachlokale von Borkum: Das landschaftlich überaus idyllisch platzierte Dünenbudje hat neben inseltypischen Spezialitäten auch das im Angebot, was viele am Strand erwarten, also Hotdogs oder Eis.

Strände für jeden Geschmack

Ruhig und naturbelassen geht es in der anderen Richtung zu: Hier erstreckt sich das Südbad als schöner Dünenstrand mit Hundebereich. Zwar liegt auch dieser Strand nahe der Stadt, jedoch etwas weiter abseits als das Nordbad. In Richtung Festlandküste mit der Emsmündung weisend ist er bei »Shipspottern« beliebt: Sie beobachten und fotografieren die großen Pötte, die ziemlich nahe vorbeiziehen. Zum Südbad gehört auch der Elektrische Leuchtturm von Borkum, der erste strombetriebene Leuchtturm Deutschlands. Bereits seit 1891 steht der rot-weiß gestreifte Turm auf seiner Düne. Im Jahr 2003 wurde er vom Netz genommen, weil sich die Fahrwasser im Bereich der Emsmündung inzwischen verändert haben.

Historische Leuchttürme und Baken

Noch zwei weitere Leuchttürme sind auf der Insel zu entdecken, beide aus Backstein und besonders geschichtsträchtig. Die Vergangenheit des Alten Leuchtturms lässt sich bis ins Mittelalter zurückverfolgen. Bereits um 1400 stand an seinem Platz eine Kirche. Ihr Turm wurde zum Seezeichen umfunktioniert, um den Schiffen den Weg um das gefürchtete Borkumriff zu weisen. Zunächst als sogenannte

Tagesmarke und ab 1817 mit Leuchtfeuer ausgestattet, ist der Alte Leuchtturm noch heute in seiner architektonischen Gestaltung als ehemaliger Sakralbau erkennbar, umgeben vom historischen Walfängerfriedhof. Im Jahr 1879 fiel der Turm einem Brand zum Opfer. Dies nahm man zum Anlass, den Neuen Leuchtturm zu bauen, der schon nach wenigen Monaten fertiggestellt war. Damit hat auch dieser Turm inzwischen ein ehrwürdiges Alter erreicht. Der Neue Leuchtturm misst rund 60 Meter. Er besitzt eine Aussichtsplattform, von der aus sich weite Blicke über das Inselstädtchen, die Dünenlandschaft, das Wattenmeer und die Nordsee eröffnen.

Die nautische Bedeutung Borkums spiegelt sich noch in weiteren Seezeichen wider. Von den drei historischen Baken sind zwei aus rotem Klinker gebaut und mit hölzernen Toppzeichen ausgestattet. Diese Baken an der Westküste Borkums, jeweils rund elf beziehungsweise 24 Meter hoch, heißen »Großes Kaap« und »Kleines Kaap«. Auf einer Düne am nordöstlichen Kap steht eine steinerne Bake. Die »Ostbake« kommt auf 19 Meter Höhe. Die drei Peileinrichtungen wurden 1872 nach dem Deutsch-Französischen Krieg errichtet.

Milchbuden und Zelthäuschen

Wer in Borkum an einem der Strände Lust auf eine Erfrischung bekommt oder hungrig wird, kann besondere Strandlokale aufsuchen: Die Milchbuden gab es schon auf der Insel, als im frühen 20. Jahrhundert der Bädertourismus aufblühte. Damals waren es kleine Holzbuden am Badestrand, in denen »Dicke Milch« verkauft wurde. Sie gehört heute noch zum Angebot an einigen dieser Milchbuden, mittlerweile auch in verschiedenen Varianten, doch genauso bereichern friesische Snacks wie Krabbenbrote, Matjes und Rote Grütze sowie andere Speisen und Getränke das Sortiment. Die traditionsreichen Beachbars werden extra für die jeweilige Sommersaison aufgebaut und wandern im folgenden Jahr jeweils reihum an einen anderen Strand. Hintergrund ist, dass jeder Betreiber auch mal an einem der belebteren Strände aufbauen darf. Auch die allseits bekannten Strandkörbe werden auf Borkum an den verschiedenen Badestellen vermietet. Jedoch mischen sich bunte, gestreifte Zelthäuschen darunter, ein Anblick, der in Ostfriesland einmalig ist. Auch dies geht auf die mehr als 100-jährige Tradition des Nordseeheilbades zurück.

WATT'N KONZERT

Wenn sich zwei Leidenschaften verbinden, entsteht meist etwas Gutes. Zumindest trifft dies auf Albertus Akkermann zu, den wohl einzigen singenden Wattführer weit und breit. Der Musiker, der mit seinem Akkordeon gern traditionelle Küstenlieder spielt und auch mit seiner Band *Triangel* auftritt, kennt das Wattenmeer wie seine Westentasche. So kommen die Teilnehmer von Akkermanns Führungen in einen doppelten Genuss: Sie lernen die Fauna und Flora des Wattenmeeres rund um die Insel Borkum kennen und hören seemännische Melodien. Die Wattführungen werden an einigen Terminen während der Sommermonate angeboten.

WEITERE INFORMATIONEN

Touristinformation Borkum:
Georg-Schütte-Platz 5,
26757 Borkum, Tel. 04922/93 30,
www.borkum.de
Info und Termine vom »singenden Wattführer«:
www.borkumer-kleinbahn.de/wattwandern/wattn-konzert.html

Überaus reizvoll ist der Hauptbadestrand von Juist (unten). Das Strandhotel Kurhaus erinnert an die mondänen Zeiten des Seebades und ist immer noch der Blickfang im Hauptort Juist (rechts oben).

24 Eine Insel, die verzaubert – Juist

Weite Dünenlandschaften und dörflicher Charme

Ein Sandstrand, der die gesamte nördliche Küste säumt: Hier hält Juist den Rekord der ostfriesischen Inselkette. Das Meer ist auf dem langen und besonders schmalen Fleckchen Land immer in direkter Nähe. Autofrei und mit einer herrlichen Natur gesegnet, zieht Juist vor allem Urlauber an, die eines suchen: Ruhe und viel Platz zum Durchatmen.

Der Trubel bleibt auf Juist selbst zur Hochsaison überschaubar, denn aufgrund ihrer Lage im Wattenmeer können die Fähren die Insel nur bei Flut ansteuern. Es reisen daher vorwiegend Urlauber an, die über einen längeren Zeitraum bleiben, während weniger Tagesgäste kommen. Der Straßenverkehr macht sich hier allenfalls durch Hufgetrappel bemerkbar: Mit ein oder zwei PS wird so ziemlich alles erledigt, was ein Fahrzeug erfordert, sogar die Müllabfuhr oder Warenanlieferungen. Eine Ausnahme gilt allein für die Feuerwehr und Rettungsfahrzeuge. Urlauber können die meisten Wege ohnehin zu Fuß oder mit dem Fahrrad bewältigen. Besonders eindrucksvoll ist eine Strandwanderung von einem Inselende zum anderen.

Siebzehn Kilometer reiner Sandstrand

Zauberland, auf Friesisch »Töwerland«, nennen Einheimische und andere Juist-Liebhaber ihre Insel stolz. Bezaubernd ist auf jeden Fall der von Dünen begleitete, nahezu endlos scheinende helle Sandstrand. Er verläuft im Norden der 17 Kilometer langen und nur bis zu 900 Meter breiten Insel. Keine Buhnen ragen hier in die Brandungszone, sodass man bei einem Strandspaziergang von einem Ende der Insel bis zum anderen die ganze Zeit durchs flache Wasser laufen könnte. Am westlichen Zipfel von Juist befindet sich Bill, ein großes Riff aus mehreren Sandbänken, die die Wasserläufe der Priele durchströmen. Der Name kommt von *Bille*, der friesischen Umschreibung von Backe.

Die beiden Ortschaften von Juist werden schlicht Dorf genannt: Die kleinere heißt Loog, was aus dem Friesischen übersetzt »Dorf« bedeutet. Hier informiert das Küstenmuseum über die Geschichte der Insel, über Seefahrt und Fischerei sowie die Pflanzenwelt Juists. Etwa anderthalb Kilometer westlich von Loog liegt der Hauptort Juist, der gleichfalls Dorf heißt. Zu Recht, denn das gemütliche Flair überwiegt auch hier. Umso deutlicher hebt sich das Strandhotel Kurhaus davon ab. Es wurde im Stil mondäner Grandhotels des 19. Jahrhunderts errichtet und wirkt fast wie ein Schloss mit seiner leuchtend weißen Fassade und der gläsernen Kuppel. Im dazugehörigen Spa zählen unter anderem Thalasso-Anwendungen zum Angebotsspektrum, denn auch Juist ist inzwischen als Thalasso-Standort zertifiziert.

Leuchtturm mit neuer Bestimmung: das Memmertfeuer

Eine Besonderheit im Hafen von Juist bildet das Memmertfeuer. Der kleine Leuchtturm nämlich schickt sein Licht nicht über das Meer, wie es zu erwarten wäre, sondern über die Insel. Das liegt daran, dass es sich hier nicht mehr um ein offizielles Seezeichen handelt, sondern um eine reine Sehenswürdigkeit. Der alte Leuchtturm stand zuvor in den Dünen der Nachbarinsel Memmert und wurde 1986 stillgelegt. Eine Interessengemeinschaft setzte sich dafür ein, dass er auf Juist zu neuem Leben erwachen konnte.

Im ehemaligen Inselbahnhof am Kurplatz ist das Nationalpark-Haus untergebracht. Hier erhalten Besucher Informationen zur Natur der Insel, auch spezielle Auskünfte zu Flora und Fauna oder zu Themenbereichen wie dem Wattenmeer und den Gezeiten. Eine interaktive Ausstellung veranschaulicht die Lebensräume Watt, Salzwiese, Düne, Strand und Nordsee. Außerdem bietet das Nationalpark-Haus verschiedene Vorträge und Ausflüge an, darunter klassische Wattwanderungen und Salzwiesenführungen genauso wie Exkursionen zu Natur und Vogelkunde und sogar Abendspaziergänge oder Nachtwanderungen. Wer auf eigene Faust losziehen möchte, kann sich gegen eine kleine Gebühr ein Fernglas ausleihen. Es lohnt sich, denn auch im grünen Inselsüden ist Besonderes zu entdecken.

DREE WATER UITKIEK

Auf Juist befindet sich der größte Süßwassersee der Ostfriesischen Inseln: Der Hammersee liegt ungefähr drei Kilometer westlich der Ortschaft Juist. Er bildete sich im Jahr 1932, nachdem ein Deich vor der Hammerbucht errichtet worden war. Ein grandioser Blick über alle drei Gewässer – den Hammersee sowie die Nordsee und das Wattenmeer – bietet sich von der Aussichtsplattform Dree Water Uitkiek, zu der ein Wanderweg führt. Ein weiteres Naturjuwel befindet sich nahe der Hammerbucht: ein Wäldchen, was äußerst ungewöhnlich ist für die Flora der Ostfriesischen Inseln. Der Biologe Otto Leege ließ es in den 1920er-Jahren anlegen und achtete dabei darauf, nur solche Bäume auszuwählen, die auch stärkere Winde vertragen, etwa Schwarzerlen und Karpatenbirken. Insgesamt wurden 50 000 Bäume angepflanzt, die zu einem Wald gediehen, in dem heute sogar Rotwild anzutreffen ist.

WEITERE INFORMATIONEN

Fremdenverkehrsamt Juist: Strandstr. 5, 26571 Juist, Tel. 04935/80 90, www.juist.de

Am Weststrand der Insel vereinen sich Bäderarchitektur und Ferienambiente (oben). Ein Erlebnis ist der Anflug auf die Insel (rechte Seite oben). An die alte Seebad-Tradition erinnert außer dem Kurhaus auch das klassizistische Inselhotel (rechte Seite unten).

25 Zeitreise in die Bäderkultur – Norderney

Badekarren und historische Fassaden

Auf Norderney begann sich im späten 18. Jahrhundert die Kultur des Seebadens an der Nordseeküste zu entwickeln. Hier entdeckte man die Vorzüge des Strandkorbs und der Badekarren. Während Erstere noch heute weitverbreitet sind, werden die hölzernen Umkleidekabinen als Rarität gepflegt. Auch der Besuch im Bademuseum bedeutet eine Zeitreise.

Das 1797 eröffnete Seebad ist das älteste an der Nordseeküste und das zweitälteste in ganz Deutschland (nach Heiligendamm an der Ostsee, gegründet 1793). An die Pionierzeit erinnern noch einzelne Badekarren, die damals das Strandbild prägten: Die hölzernen Kabinen auf Rädern wurden von Pferden ins Wasser gezogen. Sie dienten als Umkleiden und Blickschutz, denn natürlich badeten Damen und Herren getrennt voneinander. Heute sind einige Badekarren auf Norderney ein touristischer Blickfang und beispielsweise der Ort für eine besonders romantische Trauung.

Innovativer Badekarren

Mit einem der alten Badekarren setzt Norderney moderne Akzente: Er wurde im Rahmen der Kampagne »meine Insel Norderney« in eine *neybox* umfunktioniert. Darin können Gäste und Einheimische eine Videobotschaft an oder über die Insel gestalten. Eine leicht zu bedienende Anlage zeichnet Geschichten und Ideen zum Thema Norderney – oder einfach ein paar nette Worte – auf. Die Nutzung ist kostenlos. Eine Auswahl der Videos steht im Internet.

Die nach Borkum zweitgrößte Ostfriesische Insel ist 14 Kilometer lang und maximal 2,5 Kilometer breit. Ihre kleine »Hauptstadt« mit rund 6000 Einwohnern liegt am östlichen Rand der Insel. An die Blütezeit des Bädertourismus erinnern noch historische Gebäude, auch wenn moderne Komplexe aus den 1960er-Jahren und einige Hochhäuser das Bild mit prägen. Doch immer noch zeugen Fassaden von den verschiedenen Epochen, die das Seebad erlebte, von Klassizismus und Biedermeier bis hin zur Wilhelminischen Ära und dem Jugendstil.

INSELHOTEL KONIG NORDERNEY

Das zentral gelegene Kurhaus, auch traditionell als »Conversationshaus« bezeichnet, wurde erstmals 1799 errichtet. Hier ist heute die Touristinformation untergebracht. Am südlichen Ortsrand steht die Windmühle Selden Rüst aus dem Jahr 1862, die heute ein besonders uriges Restaurant beherbergt (siehe Autorentipp). Wie einige der heutigen Gebäude früher aussahen, veranschaulicht die Broschüre »Norderney entdecken – Das historische Schaufenster«, die die Stadt Norderney herausgibt.

Pavillon Marienhöhe und Bademuseum

Von historischer Bedeutung ist auch die Marienhöhe. Dabei handelt es ich um eine zwölf Meter hohe Düne, die nach Königin Marie von Hannover heißt. Die Monarchin ließ auf ihrer Kuppe einen Holzpavillon errichten, der Heinrich Heine gewidmet war. Der Dichter bereiste im Zeitraum 1823 bis 1827 die niedersächsische Nordseeküste. Dabei verfasste er wohl die meisten seiner Gedichte, die in dem Band *Die Nordsee – Erster und Zweiter Zyklus* erschienen. Auf Norderney soll das *Lied am Meer* entstanden sein. Seit 1923 ersetzt ein sechseckiger Steinbau den Pavillon. Es zog ein Dünen-Café ein, das schöne Aussichten bietet.

Die Geschichte des Seebads wird in zwei Museen lebendig. Über die Reise- und Badekultur informiert das Bademuseum, das auch regelmäßig Sonderausstellungen zu entsprechenden Themen zeigt. Im Argonnerwäldchen beim Weststrand befindet sich das Heimatmuseum Fischerhaus. Hier erfährt man einiges über das einstige Leben der Inselbewohner und kann an einer original friesischen *Teetied* teilnehmen.

Wie moderne Bäderkultur aussieht, wird in der Stadt Norderney im Badehaus deutlich, einem Wellnesstempel, der aus einem historischen Meerwasserwellenbad entstanden ist. Das Gebäude im Bauhausstil ist nach eigenen Angaben Deutschlands größtes Thalassozentrum mit einer Fläche von 8000 Quadratmetern. Norderney wurde (zusammen mit Langeoog) als einer der ersten beiden Thalasso-Standorte an der deutschen Nordseeküste zertifiziert und hat nun Ambitionen, sich bis zum Jahr 2020 zur bekanntesten Thalassoinsel Europas zu entwickeln.

Der Ausrufer von Norderney

Einem Mann begegnen alle Inselgäste mit ziemlicher Sicherheit: Bernd Krüger, seit 2009

Das Denkmal zeigt Heinrich Heine, der 1826 auf Norderney weilte (unten). Auch die Marienhöhe ist eng mit dem Aufenthalt des berühmten Schriftstellers verbunden (ganz unten). Ein Spaziergang durch die Landschaft der Seemarschen ist zu jeder Jahreszeit reizvoll (rechts oben).

der offizielle Ausrufer von Norderney. Er vertritt einen selten gewordenen Berufsstand und trägt als Kennzeichen seiner Amtswürde eine rote Uniformmütze. Wenn seine Messingglocke läutet, verkündet er Neuigkeiten, seien es lokale Nachrichten, den aktuellen Wetterbericht oder Veranstaltungstipps für den Abend. Er gibt auch Auskunft, wenn Urlauber den Weg nicht finden oder allgemeine Fragen haben. Die besten seiner Zunft treten übrigens alljährlich bei der Weltmeisterschaft der Ausrufer in Neustadtgödens an, einer Ortschaft im Landkreis Friesland.
Ungefähr in der Mitte der Insel steht der Große Norderneyer Leuchtturm – so lautet seine offizielle Bezeichnung. Er wurde 1874 in Betrieb genommen und ist heute ein beliebtes Ziel für Besichtigungen. Von dem knapp 60 Meter hohen Turm eröffnet sich ein Rundumblick, der bei guter Fernsicht bis zu den westlichen Nachbarinseln Juist und Borkum und zur niederländischen Küste mit der Emsmündung reicht. In Richtung Osten lassen sich die Inseln Langeoog und Spiekeroog erkennen. Interessant ist auch die technische Ausstattung des Turms: Die in Frankreich gefertigte Leuchtfeuerlinse dreht sich in Linksrichtung und nicht rechts herum, so wie es bei Leuchttürmen in Deutschland üblich ist. Die Glaskuppel des fünf Meter hohen Laternenhauses umgibt ein Schutzgitter aus Metall.

Postbake mit Geschichte

Von dem Inselstädtchen und dem nahe gelegenen Flugplatz einmal abgesehen, ist Norderney kaum bebaut. Je weiter man in Richtung Osten kommt, desto ursprünglicher wird die Natur. Den Norden säumt ein 15 Kilometer langer Sandstrand mit verschiedenen Bereichen für Textil, FKK und Strandsegeln. Dahinter laden eine weitläufige Dünenlandschaft und die angrenzenden Salzwiesen mit Spazierwegen zum Durchatmen ein. Zur Fauna von Norderney gehört auch ein weißer Hirsch. Er lebt in einer Herde von Damwild, die hier in den frühen 1960er-Jahren angesiedelt wurde. Den höchsten natürlichen Punkt von Norderney und ganz Ostfriesland markiert mit 24,4 Metern die Walter-Großmann-Düne nahe der Ortschaft. Im Osten der Insel befindet sich auf der Möwendüne eine besondere Holzkonstruktion. Es handelt sich dabei um die Postbake. Das Seezeichen diente einst den Wattenpostwagen zur Orientierung. Von Pferden gezogen, brachten sie bei Ebbe die Post auf die Insel. Diese Postlinie von Hilgenriedersiel auf dem Festland bis zum Postamt Norderney bestand bis ins Jahr 1879.

SPEZIALITÄTEN AUS DER WINDMÜHLE

Selden Rüst bedeutet aus dem Friesischen übersetzt »Selten Ruhe«. Nun brauchen Besucher des Windmühlenrestaurants nicht zu befürchten, es gehe laut und hektisch zu. Vielmehr rührt der Name wohl daher, dass der Wind beständig bläst und die 1842 errichtete Kornmühle daher meistens laufen konnte. Die Galerieholländermühle stand damals im noch ungeschützten Dünengelände. Wenn sich ihre Flügel drehten, wurden fünf Tonnen Korn pro Tag verarbeitet. Das Restaurant indes, das Selden Rüst heute beherbergt, verströmt Behaglichkeit mit seiner weiß-blauen Friesenküche, dem urigen Mobiliar und einer stündlich schlagenden Pendelstanduhr. Auf den Tisch kommen ostfriesische Spezialitäten, Lamm- und Fischgerichte.

WEITERE INFORMATIONEN

Touristinformation Norderney: Am Kurplatz 1, 26548 Norderney, www.norderney.de
Restaurant Zur Mühle, Marienstr. 24, 26548 Norderney, www.muehle-norderney.de

Bei einem Spaziergang durch die weitläufige Dünenlandschaft scheint das Inselstädtchen am Horizont zu verschwinden. Holzbohlenwege schlängeln sich durch die von Küstenpflanzen bewachsenen Sandberge. Hinter jeder Biegung warten neue Eindrücke.

Eine Landschaft wie ein Gemälde: Die Perspektiven, die sich auf Spiekeroog bieten, zogen schon viele Künstler an. Naturliebhaber genießen die ausgedehnten Strandspaziergänge.

Backsteinarchitektur und Ferienglück harmonieren an der Promenade von Wangerooge (oben). Auch der Westturm des Nordseeheilbads fügt sich wie gemalt in die Dünenlandschaft ein (rechte Seite unten).

29 Ein Platz zum Entspannen – Wangerooge

Überschaubares Seebad mit Tradition

Kurze Wege, fast kein Autoverkehr und ein Gesundheitszentrum mit Thalasso-Angebot: Wer nach Wangerooge kommt, sucht vor allem Ruhe und Erholung. Auch vielen Familien gefällt die vergleichsweise kleine Insel. Obendrein wartet Wangerooge mit Kultur auf: Ein Museum gewährt Einblicke in verschiedenste Momente der Inselgeschichte, die auch militärische Aspekte prägten.

Zur östlichsten der sieben bewohnten Ostfriesischen Inseln legt ab Harlesiel eine Fähre ab. Mit einer Fläche von knapp acht Quadratkilometern ist Wangerooge kaum größer als Baltrum, doch bietet sich hier ein ganz anderes Bild. Viel früher als die westliche Insel setzte in Wangerooge die Entwicklung zum Seebad ein. Ausschlaggebend war wohl das Aufblühen des Nordseebads Norderney, das auf Wangerooge ansteckend wirkte. So begann man auch hier, im 19. Jahrhundert in den Badebetrieb zu investieren und Ferienunterkünfte anzubieten. Zu dieser Zeit wuchs das Alte Dorf mit Wohnhäusern auf Warften, also Erdhügeln, die vor Überflutung schützen. Alte noch an Fischerhäuser erinnernde Gebäude vermengen sich mit den modernen Hotelbauten an der Zedeliusstraße und der Strandpromenade. Am Platz der heutigen Nicolai-Kirche stand ab 1866 zunächst eine Kapelle am Dorfplatz, die ab dem Jahr 1910 zur Kirche ausgebaut wurde.

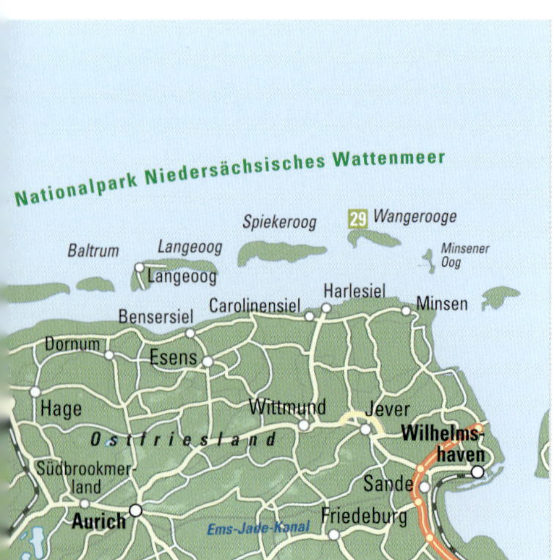

Ein Leuchtturm mit Museum

Eine Inselbahn verbindet den Westen Wangerooges mit dem Dorf. Auch die gemütlichen Pferdekutschen kommen als Fortbewegungsmittel infrage, oder es besteht die Möglichkeit, sich ein Fahrrad auszuleihen. Wer mehr über die Inselgeschichte erfahren möchte, sollte den Alten Leuchtturm besuchen. Er entstand bereits ab 1856 als erstes Bauwerk der Insel und wurde noch bis 1969 betrieben. Der rote Turm mit weißer Spitze steht heute mitten im Dorf in der Nähe des Inselbahnhofs. Er bietet eine Aussichtsplattform und ein Museum.

Die Ausstellung zeigt, wie sich die Insel von einer Sandbank zum heutigen Nordseeheilbad und inzwischen auch anerkannten Thalasso-Standort entwickeln konnte. Zu den rund 900 Exponaten zählen außerdem ganze Sammlungen von Muscheln, Bernstein, Schiffsmodellen und anderen Objekten der Seefahrt. Ein weiterer Bereich informiert über spezielle historische Ereignisse, denn Wangerooge war unter anderem Schauplatz der Postraketenversuche von Reinhold Tiling in den 1930er-Jahren, und dort, wo heute der Fährhafen liegt, befand sich früher ein militärisch bedeutender Schiffsanleger.
Wangerooge war im Zweiten Weltkrieg, vor dem »Reichskriegshafen« Wilhelmshaven liegend, von besonderer strategischer Bedeutung. Davon zeugt auch der ehemalige Bunker des Café Pudding (siehe Autorentipp), der nun eine friedvolle Bestimmung fand.

Wellness und Strandspaß

Heute ist das autofreie Wangerooge vor allem ein Ort der Entspannung und Erholung. In dem Gesundheitszentrum sind Anwendungen wie eine Schlickpackung oder Meerwasser-Inhalationen möglich, und die Kurparks laden genauso zum Durchatmen ein wie die Strände und die grüne Inselmitte. Familien gefällt der »Bade- und Burgenstrand« nördlich des Inseldorfes. Hier gibt es alles vom Strandkorb über Beachvolleyball bis hin zu Wassersport. Bei Schietwetter lockt das Kinderspielhaus »Sockenland« oder das Meerwasser-Erlebnisbad an der Promenade. In der Dünenhalle finden verschiedene Veranstaltungen wie Konzerte und Festivals statt.
Der Badestrand verläuft bis zum Ostende von Wangerooge und geht dort in eine geschützte Groden- oder Kooglandschaft mit Salzwiesen über. Das Wegenetz der Insel bietet sich zum Spazierengehen, Joggen oder fürs Nordic Walking an. Über die Tiere und Pflanzen sowie die Besonderheiten des Wattenmeeres informiert das Nationalpark-Haus in der Friedrich-August-Straße in verschiedenen Ausstellungen. Auch Veranstaltungen und Naturführungen werden hier angeboten.

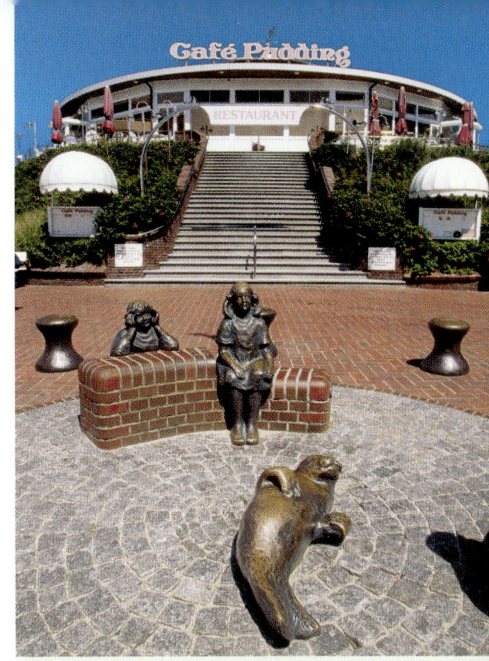

CAFÉ PUDDING

Ein besonderer Bau thront auf einem Dünenhügel an der Strandpromenade: Das kreisrunde Café Pudding ist ein Blickfang. Der Name hängt nicht, wie man meinen könnte, mit einer dort angebotenen Süßspeise zusammen, sondern wird mit einer regionalen Redewendung begründet. So sagen die Menschen rund um Oldenburg und Bremen gern mal »Ich geh' um den Pudding«, wenn sie einen Spaziergang um den Häuserblock unternehmen möchten. Bei dem Café handelt sich um einen ehemaligen Bunker aus dem Zweiten Weltkrieg. Nach Kriegsende pachtete Familie Folkerts das Gebäude. Sie erhielt dabei die Auflage, die Wände zu entmilitarisieren. Die Familie machte das Gebäude zu einem Kiosk mit Eis- und Kuchenverkauf. Im Laufe der Jahrzehnte erweiterte sie es zu einem Café, zu dem heute auch ein Laden und Ferienwohnungen gehören. Ein herrlicher Platz zum Einkehren mit Weitblick.

WEITERE INFORMATIONEN

Kurverwaltung Wangerooge: Obere Strandpromenade, 26486 Wangerooge, Tel. 04469/990, www.wangerooge.de
Info: Café Pudding: Zedeliusstraße 49, 26486 Wangerooge, Tel. 04469/220, www.cafe-pudding.com

Die niedersächsische Nordseeküste

Malerische Sielorte, ein an Kultur reiches Hinterland

Besonders glanzvoll präsentiert sich der Emder Ratsdelft mit dem Museumsfeuerschiff in den Abendstunden (links). Windmühlen prägen vielerorts das Bild (ganz oben). Die ostfriesische Teezeremonie sollte man sich nicht entgehen lassen (oben).

Die von Henri Nannen gestiftete Kunsthalle liegt am Stadtgraben mit der als Skulpturenpark angelegten Hahnschen Insel (oben). Mit seiner geschützten Binnenlage war der Ratsdelft schon im Mittelalter von Bedeutung (rechts).

30 Pulsierende Stadt, historisches Herz – Emden

Ostfrieslands Kultur- und Wirtschaftszentrum

Als größte Stadt Ostfrieslands hat Emden viel zu bieten, angefangen von den mittelalterlichen Wurzeln am Ratsdelft mit dem Ostfriesischen Landesmuseum bis hin zu kulturellen Alleinstellungsmerkmalen wie der Johannes a Lasco Bibliothek. Auch berühmte Emdener wie Henri Nannen und Otto Waalkes haben zu sehenswerten Attraktionen beigetragen.

Emden liegt an der Emsmündung im Nordwesten Niedersachsens. Südlich der Stadt mit dem südwestlichsten Seehafen Deutschlands weitet sich der Dollart, eine große Meeresbucht. Auf der andern Seite der Bucht grüßen schon die Niederlande.

Die Geschichte des Ratsdelfts

Umgeben von moderner Hafenindustrie, dem Flugplatz und einer auf rund 50 000 Einwohner angewachsenen Urbanisation schlägt noch immer das historische Herz der Stadt: Der Ratsdelft am Rathaus kündet von der mittelalterlichen Blütezeit Emdens. Hier entwickelte sich der später wohl bedeutendste Warenumschlagplatz an der Nordseeküste. Das Wort Delft leitet sich von *delven* ab, was so viel wie »graben« bedeutet. Bei einem Delft handelt es sich also um ein von Menschen erweitertes Gewässer natürlichen Ursprungs, in diesem Fall um einen Ableger des Emder Hafens. Wo einst ein kleiner Fluss in die Ems mündete, entstand bereits ab dem Jahr 800 der Ratsdelft und entwickelte sich zu einem Binnenhafen. Im späten 16. Jahrhundert legten hier mehr Schiffe an als im gesamten englischen Königreich, heißt es. Das Hafentor als Einfahrt kam 1635 hinzu; der damalige Stadtbaumeister Martin Faber hatte es entworfen. Verschiedene Handelshäuser siedelten sich am Ratsdelft an, der bis ins 20. Jahrhundert hinein eine wichtige Rolle für den Warenverkehr spielte.

Heute ist der Ratsdelft vor allem von touristischer Bedeutung mit seinen liebevoll gepflegten Museumsschiffen, die das historische Flair des alten Stadtkerns untermalen und auch zu besichtigen sind – etwa das Museumsfeuerschiff *Deutsche Bucht* aus der Meyer-Werft in

Anlässlich der 25. Matjestage wurde im Juni 2014 ein neuer Rekord im Shantychor erreicht: 1759 Teilnehmer sangen mit (unten). Schon die Fassade zeigt, was »Dat Otto Huus« bedeutet (ganz unten). Die Pelzerhäuser zählen zu den wenigen erhaltenen historischen Gebäuden der Stadt (rechte Seite).

Papenburg oder der Seenotrettungskreuzer *Georg Breusing*. Von der Heringsfischerei berichtet die *AE7 Stadt Emden* in wechselnden Ausstellungen. Der Hering und die Spezialität Matjes prägten die maritime Geschichte der Stadt. Noch heute ist dies regelmäßig ein Anlass zum Feiern (siehe Autorentipp), und entsprechende Fischgerichte sind auf vielen Speisekarten zu finden.

Schätze, Moorfunde und Musketen

Am Ratsdelft erinnern die Pelzerhäuser 11 und 12 als Außenstelle in der Altstadtwarft an das einstige Stadtbild, das im Zweiten Weltkrieg größtenteils zerstört wurde. Hier und in einem Teil des Rathauses ist das Ostfriesische Landesmuseum Emden untergebracht. Es gewährt Einblicke in die geografische und kulturelle Geschichte Frieslands und der Seehafenstadt Emden. Die Ausstellung umfasst unter anderem den Silberschatz der Stadt Emden, die Moorleiche von Bernuthsfeld und eine Gemäldegalerie mit einer Sammlung niederländischer Meisterwerke. Besonders stolz präsentiert man die Rüstkammer des Rathauses, die das Emder Waffenarsenal historisch belegt seit 1582 verwahrt. Die Bestände blieben, anders als in anderen Städten, weitgehend erhalten. Dazu gehören unter anderem verschiedene Harnische, Musketen und Wallbüchsen, Piken, Schwerter und Hellebarden, größtenteils aus der »Goldenen Zeit« Emdens im 16. und 17. Jahrhundert.

Ikonen des 20. Jahrhunderts

Gleich um die Ecke geht es hinter einer anderen historischen Fassade weniger ernsthaft zu, aus gutem Grund: Hier ist ein ganzes Museum dem Komiker Otto Waalkes gewidmet. Er wurde am 22. Juli 1948 in Emden geboren. Dat Otto Huus zeigt unter anderem private Fotos und Requisiten aus den Otto-Filmen. In einem kleinen Kino können sich die Besucher Sketche aus Bühnen-Shows, Ausschnitte aus TV-Sendungen und Filme ansehen.
Ein weiteres kulturelles Highlight der Altstadt ist die nahe gelegene Kunsthalle Emden, ein Museum mit angeschlossener Malschule. Henri Nannen, Gründer des Magazins *Stern*, stiftete es seiner Geburtsstadt Emden zusammen mit seiner Frau Eske. Dazu eröffnete er 1986 das Haus mit seiner Sammlung, die vorwiegend Kunst der Klassischen Moderne umfasst. Ab dem Jahr 2000 wurde der Bestand durch eine Schenkung des Münchner Galeristen Otto van de Loo um Kunst nach 1945 erweitert. Die Kunsthalle zeigt regelmäßig hochkarätig be-

stückte Sonderausstellungen. Sie liegt am Stadtgraben mit der als Skulpturenpark angelegten Hahnschen Insel.

Bunker und Bücher

Mit einem dunklen Teil der Stadtgeschichte beschäftigt sich das Bunkermuseum in der Holzsägerstraße. Im Zweiten Weltkrieg kam Emden als Industrie- und Hafenstadt eine große Bedeutung zu. Im äußersten Nordwesten des Deutschen Reiches gelegen, war die Stadt für die in Großbritannien stationierten Bomberflotten der Alliierten schnell zu erreichen. Geblieben sind noch immer 31 hohe Luftschutzbunker, Betonkolosse, die das Stadtbild mit prägen. Das Museum geht auf die Geschichte der Bunker ein, die Verfolgung und Unterdrückung durch die Nationalsozialisten in der Stadt Emden sowie die Nachkriegszeit mit der Phase des Wiederaufbaus in den 1950er-Jahren.

Einen weiteren kulturellen Schatz hütet Emden in der Kirchstraße mit der ältesten Bibliothek Ostfrieslands. Die bereits 1559 gegründete Johannes a Lasco Bibliothek ist in der Ruine der *Moederkerk*, der ehemaligen Großen Kirche von Emden, untergebracht. Das Gotteshaus wurde 1949 zerstört und nur teilweise wieder aufgebaut. Schon die Kirchenruine an sich verdient Aufmerksamkeit als historisch gewichtiger Schauplatz der Stadt- und Landesgeschichte. Im Südschiff befindet sich das Grabmal der ostfriesischen Grafen aus dem 16. Jahrhundert. Der flämische Bildhauer und Architekt Cornelis Floris de Vriendt soll es geschaffen haben.

Die Bibliothek beherbergt einen wertvollen Bestand historischer Bücher, darunter die Emder Bibel und eine enzyklopädische Sammlung durch alle Wissenschaftsgebiete. Einige der besonderen Stücke wurden im zugehörigen Museum der Öffentlichkeit zugänglich gemacht. Zu sehen sind dort außerdem Exponate aus der Geschichte des reformierten Protestantismus. In kleinen Kabinetten bereiten Sonderausstellungen christlich-regionale Themen auf. Öffentliche Führungen gehen während der Sommersaison sonntags vonstatten, auch besteht die Möglichkeit, individuelle Führungen zu vereinbaren. In der Johannes a Lasco Bibliothek finden außerdem Konzerte und andere Kulturveranstaltungen statt.

EMDER MATJESTAGE

Rund 450 Jahre lang sicherte die ostfriesische Heringsfischerei vielen Familien Lohn und Brot. Auch wenn sie im Jahr 1969 nach Bremerhaven verlagert wurde, ist dies noch immer ein Grund, an die Tradition zu erinnern und die Heringsspezialität Matjes zu feiern. So geschieht es jährlich im Mai bei den Emder Matjestagen: Dann lebt Seefahrerstimmung auf, wenn zahlreiche Traditionsschiffe aus dem In- und Ausland in Binnenhafen und Ratsdelft einlaufen.
Der Name Matjes stammt übrigens vom holländischen Begriff *Maagdenharing*, was so viel wie »Mädchenhering« bedeutet. Denn die Fische sind sozusagen jungfräulich, haben in der jeweiligen Saison noch keine Milch und keinen Rogen gebildet. Nur dann besitzen sie den hohen Fettgehalt des besonders zarten Matjes.

WEITERE INFORMATIONEN

Touristinfo Emden: Bahnhofsplatz 11, 26721 Emden, Tel. 04921/974 00, www.emden-touristik.de
Ratsdelft: www.emden-hafen.de
Ostfriesisches Landesmuseum Emden: Rathaus am Delft, Brückstr. 1, 26725 Emden, Tel. 04921/87 20 58, www.landesmuseum-emden.de

31 Das Tor Ostfrieslands – Leer

Bezaubernde Altstadt und Festungsgeschichte

Am Zusammenfluss von Ems und Leda gelegen, wurde auch Leer von der Tradition der Seefahrt und des Handels geprägt. Heute ist die 30 000-Einwohner-Stadt einer der größten deutschen Reederei-Standorte. Leers charmante Altstadt gilt als die schönste von ganz Ostfriesland. Auch die Leeraner Burgen und die Ursprünge der Feste Leerort verdienen Aufmerksamkeit.

Zahlreiche Bürgerhäuser und andere Gebäude der Altstadt stehen unter Denkmalschutz und spiegeln verschiedenste Stilepochen wider. Das Rathaus, das der Aachener Architekt Karl Henrici entwarf, wurde 1889 im deutsch-niederländischen Renaissancestil errichtet. Dem niederländischen Hochbarock wiederum entstammt die benachbarte Historische Waage aus dem Jahr 1714, mit der das Rathaus ein Ensemble bildet. Auch das sechs Jahre später fertiggestellte Amtsgericht entstand – damals als Palais – im barocken Stil.

Stadtgeschichte und Teekultur

Bei einem Bummel durch die Leeraner Altstadt fallen die vielen kleinen Läden, Teestuben und Restaurants ins Auge. Das Museumsviertel entführt mit vielfältigen Ausstellungen und dem Museumshafen in die Vergangenheit. So informiert das Heimatmuseum als eine der ältesten lokalgeschichtlichen Einrichtungen Ostfrieslands über die Geschichte vom Leben und Arbeiten in der Handels- und Hafenstadt. Das Bünting-Tee-Museum unternimmt eine Reise zu den Ursprüngen des Teegenusses. Dabei steht natürlich die ostfriesische Teekultur im Mittelpunkt. So erfahren Besucher unter anderem, wie der Tee nach Ostfriesland kam, wie man ihn hier zubereitet und was den echten Ostfriesentee auszeichnet. Leers bedeutendstem bildenden Künstler des 20. Jahrhunderts widmet sich das Böke-Museum: Karl-Ludwig

Vor dem Rathaus führt eine Klappbrücke über die Leda (unten). Backsteingiebel zeichnen das Profil der gut erhaltenen Altstadt (rechte Seite oben).

Böke lebte von 1927 bis 1996 in seiner Heimatstadt.
Ein Zeugnis älterer Stadtgeschichte findet sich dort, wo die Leda in die Ems mündet. Auf einer Landzunge lag vom 15. bis 18. Jahrhundert Leerort, die seinerzeit größte ostfriesische Landesfestung, geschützt von Wällen und Wassergräben. Ihre Ausmaße und Schauplätze lassen sich bei einer von Leer-Touristik angebotenen Flurnamenwanderung ergründen. Bei Flurnamen handelt es sich um geografische Begriffe, die der Orientierung dienten. Sie spiegeln einen Teil der hiesigen Siedlungsgeschichte wider.
Neben Kirchen aus verschiedenen Epochen hat Leer auch vier Burgen vorzuweisen. Drei davon sind heute in Privatbesitz und daher nicht für die Öffentlichkeit zugänglich, jedoch lohnt bei der Haneburg, der Philippsburg und der Harderwykenburg schon der Anblick von außen.

Wasserschloss in neuem Glanz

Die Evenburg hingegen, Leers vierte Burg, ist auch von innen zu besichtigen. Das aus dem Barock stammende Wasserschloss ließ der niederländische Oberst Ehrentreuter ab 1642 errichten. Sein späterer Besitzer, der Graf von Wedel, baute es 1850 im neugotischen Stil um. Die im Krieg stark beschädigte Fassade wurde zunächst schlichter neu gestaltet. Eine aufwendige Sanierung erfuhr die Evenburg ab 1975, nachdem der Landkreis Leer das Schloss erworben hatte. Nun bekam die Fassade ihre historisch getreu nachgebildeten Giebel, Türme und Gesimse zurück. Auch die Räume des Schlosses wurden bis ins Detail wiederhergestellt. Bei der Restaurierung des Foyers folgte man der zweiten Fassung des späten 19. Jahrhunderts. Zur Evenburg gehören auch eine Vorburg von 1703, die ehemaligen Wirtschaftsgebäude Meierhof und Elfriedenhof sowie ein Gelände, das nun wieder als englischer Landschaftspark erscheint.
Rund 30 Kilometer südlich von Leer ist die Stadt Papenburg für den Schiffsbau bekannt. In der Meyer-Werft laufen die riesigen Kreuzfahrtschiffe vom Stapel – genau genommen spricht man hier von Ausdocken – die später über die Ems aufs Meer gelangen. Das Besucherzentrum der Werft gewährt Einblicke in die Welt des Schiffsbaus. Neben der Ausstellung gibt es zwei Besuchergalerien, von denen aus sich die Konstruktion der Kreuzfahrtriesen verfolgen lässt.

OSTFRIESLAND IM MINIFORMAT

Einen besonderen Blick auf Ostfriesland und seine Sehenswürdigkeiten erlaubt das Leeraner Miniaturland. In der nach Hamburgs Miniatur-Wunderland zweitgrößten Modellanlage Deutschlands wurde die Region im Maßstab 1: 87 nachgebaut – mitsamt den Ostfriesischen Inseln, dem Emsland und den angrenzenden Niederlanden. Hier könnte man Tage verbringen, um alle Details zu entdecken. Außer fahrenden Zügen und Autos ist zum Beispiel die Überführung eines Kreuzfahrtschiffes zu sehen. An mehr als 100 Stationen können Besucher die Szenarien selbst in Bewegung setzen. Ausstellungen zeigen über 2000 Modellautos und -Lkw verschiedener Größe sowie Hunderte von Dampflokomotiven. Im Außenbereich mit Parklandschaft lässt sich eine große Garteneisenbahn selbst steuern und rangieren. Hier sind seit 2015 außerdem Gebäude und Sehenswürdigkeiten Ostfrieslands im Miniaturformat zu bewundern – unter anderem auch die Stadt Leer.

Info: Leeraner Miniaturland, Konrad-Zuse-Str. 1, 26789 Leer, Tel. 0491/454 15 40, www.leeraner-miniaturland.de

WEITERE INFORMATIONEN

Touristinformation Leer: Ledastr. 10, 26789 Leer, Tel. 0491/91 96 96 70, www.touristik-leer.de, www.papenburg-tourismus.de

Anlegeplatz für Motorboote am Westrhauderfehnkanal (oben). Idylle am Klostermoor in Westrhauderfehn (rechte Seite unten).

32 Ein Radler- und Paddelparadies – Rhauderfehn

Wo Torfgewinnung die Landschaft prägte

In Ostfriesland gibt es viele schöne Rad- und Wasserwanderwege. Eine Region bei Leer und Papenburg verdient dabei besondere Erwähnung, denn die Landschaft erinnert an die Fehnkultur. Verschiedene Mottorouten führen durch das Moorgebiet. Das Fehn- und Schifffahrtsmuseum klärt über die wichtigsten Aspekte Rhauderfehns auf.

Die Fehnkultur bezeichnet eine Methode, nach der die Moore ab dem 17. Jahrhundert urbar gemacht wurden, um Torf zu gewinnen. Für den Transport und zu Zwecken der Entwässerung legten die Siedler schiffbare Kanäle an, von denen häufig auch Seitenkanäle, die sogenannten Wieken, abzweigen. Diese Kanäle sind heute noch vorhanden, genauso wie die Siedlungen, die sich zu ihren Seiten entwickelten. Es entstand eine besondere Region mit Fehnkanälen, über die kleine Klappbrücken führen und parallel dazu angelegten Straßen – gebettet in eine abwechslungsreiche Landschaft mit Wallhecken und Mooren.

Die Tradition der Fehnkultur

Von der traditionellen Abbaumethode zeugt die Silbe *-fehn* in so manchem Ortsnamen der Region, zum Beispiel bei der Gemeinde Rhauderfehn. Der Begriff kommt aus dem niederländischen Sprachgebrauch und bedeutet Moor. Auf den an die Kanäle grenzenden Moorflächen stachen die damaligen Siedler den tief in der Erde liegenden Schwarztorf aus und trockneten ihn anschließend. Dann wurde er über die Wasserwege mit den traditionellen Muttschiffen, Tjalken oder Poggen abtransportiert und als Brennmaterial verkauft. Bei der Rückkehr brachten die Segelboote Schlick mit, der dann mit dem mineralischen Boden unter dem Torf und dem höher gelegenen Weißtorf vermischt wurde, was der landwirtschaftlichen Nutzung zuträglich war. Im Laufe der Zeit entstanden zu beiden Seiten der Kanäle und Wieken ganze Fehnkolonien.

In der verbliebenen Moorlandschaft wird noch immer Torf abgebaut und weltweit vermarktet.

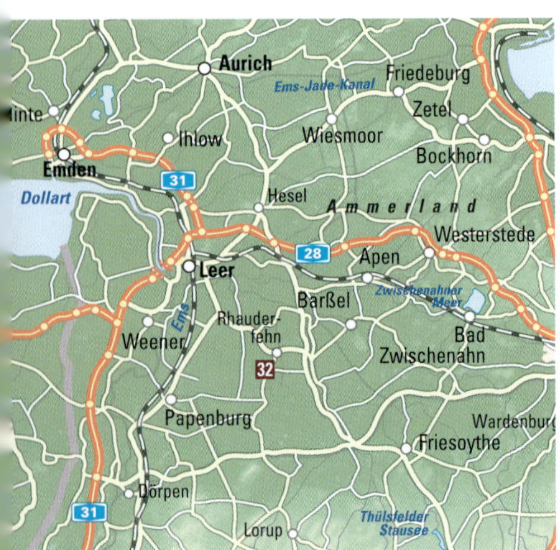

Geblieben sind auch die Fehnkanäle mit ihren Schleusen und nach historischem Vorbild rekonstruierten Brücken. Das Bild ergänzen Windmühlen und Backsteinkirchen, deren Ursprünge sich teils bis ins Mittelalter zurückverfolgen lassen.

Ein Netz aus gut ausgeschilderten Radwegen führt durch die Fehnlandschaft und zu ihren schönsten Plätzen. Mottorouten wie die »Wiekentour«, die Strecke »Rhauderfehn erfahren« oder die »Moorerlebnisroute« erleichtern den Radlern die Streckenauswahl. Wasserwanderer können wie die historischen Schiffe den Kanälen folgen. Am schönsten ist die Kombination beider Erlebnismöglichkeiten, etwa über die Paddel- und Pedal-Station in Rhauderfehn.

Wer die Fehnregion umfassend erleben möchte und über ein wenig Ausdauer verfügt, kann sie sich auf der Deutschen Fehnroute erschließen. Der Radwanderrundweg über rund 157 Kilometer ist in beiden Richtungen ausgeschildert. Parallel dazu gibt es die Ferienstraße Deutsche Fehnroute mit einer Beschilderung für den Kfz-Verkehr.

Das Fehn- und Schiffahrtsmuseum

Um noch tiefer in die Geschichte der Fehnkultur und der Region einzutauchen, empfiehlt sich ein Besuch des »Fehn- und Schiffahrtsmuseums Westrhauderfehn«, hinter dem der Heimatverein Overledingerland steht. Das Museum im denkmalgeschützten Gebäude der Villa Graepel zeigt auf anschauliche Weise, wie die Moorkultivierung einst begann und wie sich die Fehnkolonien entwickelten.

Dabei können die Museumsbesucher unmittelbar nacherleben, welche Opfer die ersten Siedler bringen mussten, um aus dem lebensfeindlichen Hochmoor eine Heimat zu gestalten. Alte Gerätschaften, Fotos und Modelle dokumentieren die harte Arbeit im Torf, den es hier auch zum Anfassen und Mitnehmen gibt. Weitere Bereiche widmen sich den Themen Schiffsbau, Schifffahrt und Wohnkultur. Dazu gehören die wohl älteste deutsche Schiffsapotheke aus der Zeit der Windjammer und eine mehr als 100 Jahre alte Schmiede. Nach dem Museumsbesuch sieht man die Landschaft mit ganz anderen Augen.

ZEITLICHER WANDEL HAUTNAH

Für einen historischen Spaziergang bietet sich die Fehn-Tour an: ein Spaziergang entlang von Infotafeln mit alten Fotos durch das Zentrum der Gemeinde Rhauderfehn. Dabei wird beispielsweise die Veränderung der historischen Bauten im Laufe der Zeit deutlich. So erfährt man, wie die Hoffnungskirche ohne ihren 53,5 Meter hohen Turm aussah oder wo früher die Gemeindeverwaltung residierte. Auf den Tafeln sind prägende Gebäude zur Geschichte des Fehn- und Schifffahrtsortes abgebildet. Sie sind so aufgestellt, dass der Betrachter fast immer den Standpunkt des Fotografen einnimmt – so lassen sich direkte Vergleiche ziehen. Der Förderverein Tourismus Rhauderfehn e. V. bietet auch Führungen an.
Info: Rhauderfehn-Information, 1. Südwieke 2a, 26817 Rhauderfehn, Tel. 04952/90 32 30, www.overledingerland.de

WEITERE INFORMATIONEN

www.overledingerland.de, www.deutsche-fehnroute.de
Paddel- & Pedalstation Rhauderfehn: Am Siel 6a, 26817 Rhauderfehn, Tel. 04952/92 14 41, www.paddel-und-pedal.de
Fehn- und Schifffahrtsmuseum Westrhauderfehn: Rajen 5, 26817 Rhauderfehn, Tel. 04952/90 32 80, www.fehn-schiffahrtsmuseum.de

»Ottos Turm« machte die Ortschaft Pilsum noch bekannter (oben). Die Leybucht mit dem großen Speichersee (rechte Seite oben). Im Naturschutzgebiet Leyhörn sind viele Seevögel zu beobachten (rechte Seite unten).

33 Region der Warfendörfer – die Krummhörn

Eine Landschaft voller Überraschungen

Die Gemeinde an der Emsmündung bietet ein besonderes Bild: Auf den Erdhügeln der Warfen errichtet, sprenkeln malerische Dörfchen die Küstenlandschaft, 18 sind es insgesamt, und eines ist schöner als das andere. Viele bergen Überraschendes oder wertvolle Kulturschätze. Als Sahnehäubchen garniert der Fischerort Greetsiel die Leybucht.

Die oft nur aus einer Kirche und wenigen Häusern zusammengesetzten Warfendörfer stehen zum Schutz vor Überflutung auf Hügeln – vergleichbar mit den Halligen im Nordfriesischen Wattenmeer, mit dem Unterschied, dass die Krummhörn auf dem Festland liegt. Zwei der Warfendörfer stechen durch ihre Leuchttürme hervor. Zu Pilsum gehört ein vorwitzig wirkendes, rot-gelbgeringeltes Türmchen, das zum Filmstar wurde: Hier wohnte der Komiker Otto Waalkes in seinem Film *Otto – Der Außerfriesische.* Der dadurch berühmt gewordene Turm ziert auch das Logo der Touristenregion Krummhörn-Greetsiel. Er wurde ab 1888 auf dem Pilsumer Deich errichtet. Sein Leuchtfeuer befindet sich in 15 Metern Höhe; eine Besichtigung ist im Rahmen von Führungen möglich. Außerdem bietet Pilsum eine eindrucksvolle Kreuzkirche aus dem 12. Jahrhundert sowie Kulturelles wie eine Galerie und ein Comedy-Theater.

Ganz anders gibt sich der Leuchtturm von Campen aus dem Jahr 1892. Seine schlanke, 65 Meter hohe Stahlbeinkonstruktion erinnert an die Bauweise des Eiffelturms. Er ist der höchste Leuchtturm Deutschlands und noch immer ein Leitfeuer für die Schifffahrt auf der Ems. Seine 308 Stufen führen auf eine Aussichtsplattform. Sie bietet bei guter Fernsicht ein Panorama, das über die Krummhörn und bis in die Niederlande reicht. Zu Campen gehören auch eine Kirche aus dem 13. Jahrhundert mit einem freistehenden Glockenturm sowie ein Landwirtschaftsmuseum.

Häuptlingswesen und Kirchenkunst

Zentraler und mit mehr als 3000 Einwohnern größter Ort der Krummhörn ist Pewsum mit

Häuptlingssitz mit Wassergraben: Die Manningaburg in Pewsum (unten). Die Rysumer Turmstraße führt idyllisch zur Kirche des Rundwarfendorfes (ganz unten). Sonnengelb leuchten die Mauern der Manningaburg (rechte Seite oben).

seiner leuchtend gelben Manningaburg, einer Wasserburg aus den Zeiten des ostfriesischen Häuptlingswesens (siehe Autorentipp). Sehenswert erscheinen dort unter anderem die Kirche, deren Ursprünge ins Mittelalter reichen, und die Pewsumer Mühle samt Handwerksmuseum. Mit Pewsum verschmolzen schließt sich westlich das Warfendorf Woquard an, das gerade einmal 180 Einwohner zählt und als eines der kleinsten Dörfer der Krummhörn gilt. Die Farben Blau und Gelb in seinem Wappen stehen für das schwedische Königshaus. Graf Edzard II. Cirksena und seine schwedische Gemahlin Gräfin Katharina erwarben die Manningaburg im Jahr 1565 als Herrschaftssitz. Südlich von Pewsum befindet sich mit Woltzeten ein weiteres Warfendörfchen mit einer kleinen Kirche, die 1772 erbaut wurde, im Zentrum gelegen.

Das nahe gelegene Freepsum charakterisiert ein anderes Alleinstellungsmerkmal: Hier befindet sich das trockengelegte Freepsumer Meer, einer der tiefsten Punkte Deutschlands. Genau 2,3 Meter unter NN wurden auf einer Weide gemessen, die etwa einen Kilometer vom Ortskern entfernt liegt. Ein Naturlehrpfad führt rund um das Gebiet. Nahe Freepsum ist als nächstes Warfendorf Canum erwähnenswert. Es verfügt über einen historischen Ortskern und eine hübsche romanische Kirche aus dem 13. Jahrhundert.

Im Nordosten der Krummhörn erinnert das Warfendorf Jennelt an einen Nachfahren der Beninga-Häuptlinge: Wilhelm zu Innhausen und Knyphausen besaß die »Herrlichkeit«, also die es umgebenden Ländereien, ab dem Jahr 1599. In der im 13. Jahrhundert errichteten Kirche steht die letzte erhaltene Orgel des Orgelbauers Johann Friedrich Constabel. In der Gruft ist der Sarkophag mit dem Prunksarg des Freiherrn Dodo zu Innhausen und Knyphausen zu besichtigen, ein bedeutender Feldherr im Dreißigjährigen Krieg.

Burg mit »verwunschenem« Garten

Historische Schätze bergen auch die weiteren Warfendörfer, so etwa Eilsum mit der einzigen Chorturmkirche Ostfrieslands und ihren Seccomalereien. Das Gotteshaus von Grimersum aus dem 14. Jahrhundert ist vor allem durch einen Grabstein bekannt. Er erinnert an Eggerik Beninga, den Verfasser der plattdeutschen Friesenchronik *Cronica der Fresen*. Die nächste Sehenswürdigkeit wartet in Groothusen: die Osterburg, eine ehemalige ostfriesische Häupt-

lingsburg mit einer kulturell bedeutsamen Parkanlage mit schönen Blickachsen, die im Verbund der Gärten der Gartenroute Krummhörn-Ostfriesland als »lost garden« klassifiziert wurde. Grimersum liegt auf einer Längswarf; hier steht die Kirche am Ende der Warft und nicht, wie bei den sogenannten Rundwarfendörfern, in der Dorfmitte. Dies trifft in der Krummhörn ansonsten nur noch auf Groothusen zu, dessen Kirche mit einer Wenthin-Orgel beeindruckt. Die anderen 16 Dörfer liegen auf Rundwarfen.

In Visquard lässt sich die Lage des Dorfes auf solch einer Warft besonders gut erkennen. Das nahe Uttum hat einen historischen Ortskern mit einem alten Steinhaus aus dem Jahr 1597. Die 1250 errichtete Kirche ist mit einer Orgel aus dem Vorbarock ausgestattet. Nicht weit entfernt in Manslagt wiederum befindet sich eine spätgotische Kirche aus dem Jahr 1714.

Von Rysum nach Upleward

Das Warfendorf Rysum nahe Emden wurde Landessieger im Wettbewerb »Unser Dorf soll schöner werden«. Seine Kirche beherbergt eine der ältesten bespielbaren Orgeln Europas. Das Gotteshaus hatte mehrere Vorgängerbauten, deren Ursprünge bis ins 12. Jahrhundert reichen. Auch eine Windmühle ziert das Dorf. Einen halben Kilometer weiter liegt Loquard, erstmals erwähnt um das Jahr 1000. Seine Kirche, erbaut ab dem 13. Jahrhundert, beeindruckt mit einem Schnitzaltar eines vermutlich flämischen Meisters. Spaß macht eine Überfahrt mit der Pünte, einer Fähre über das Knockster Tief – sie funktioniert über eine Kurbel mit eigener Muskelkraft.

Auch in Upleward nahe Greetsiel können Urlauber aktiv werden. Zum Trockenstrand mit Campingplatz und einer Freizeitanlage gehören zwei Beachvolleyballfelder, ein Grillplatz und ein Abenteuerspielplatz. Auch Strandkörbe stehen bereit. Regelmäßig gibt es Veranstaltungen wie das Schlickschlittenrennen im Uplewarder Watt oder das Beachvölkerballturnier »Krummhörn Open«. Nur rund 500 Meter weiter lädt das Dörfchen Hamswehrum dazu ein, eine Schäferei und eine Galerie zu besichtigen.

Eine Sonderstellung unter den Warfendörfern beansprucht Greetsiel, weshalb es bei den oft beschriebenen 18 Dörfern der Krummhörn auch nicht mitgerechnet wird, obwohl es im Gemeindegebiet liegt. Als schmuckes Fischerdorf bildet es ein ganz anderes Bild (siehe Kapitel 34).

MUSEUM IN DER MANNINGABURG

An das ostfriesische Häuptlingswesen ab dem 14. Jahrhundert erinnert die Wasserburg in Pewsum. Der letzte Herrscher des Geschlechts, dem sie als Sitz diente, war Hoyko Manninga. Seine Vorfahren hatten die Burg ab 1458 errichten lassen, sie dann mehrfach umgestaltet und erweitert. Weil er sich dabei verschuldete, so heißt es, sah sich Hokyo 1565 gezwungen, Burg und Herrlichkeit an Graf Edzard II. von Ostfriesland und seine Gemahlin Katharina von Schweden zu verkaufen. Sie ließen die Burg im niederländischen Renaissancestil umgestalten. Heute ist dort ein Museum untergebracht, das unter anderem über das Häuptlingswesen und den Burgenbau in Ostfriesland informiert. Das leuchtend gelb getünchte Gebäude ist schon von außen sehenswert.

Info: Manningaburg in Pewsum, Drostenplatz, 26736 Pewsum, Tel. 04923/18 28 und 14 83

WEITERE INFORMATIONEN

www.krummhoern.de

34 Idylle mit Krabbenkuttern – Greetsiel

Seefahrerromantik an der Leybucht

Greetsiel hebt sich in der ohnehin wunderschönen Krummhörn besonders hervor. Anders als die 18 Warfendörfer wurde es nicht auf einem Erdhügel errichtet, sondern liegt direkt am Wasser und hat einen traditionsreichen Hafen. Auch Liebhaber von Windmühlen finden hier zwei echte Schmuckstücke vor.

Schon am Ortseingang grüßt Greetsiel mit einem Anblick, der einmalig ist in Ostfriesland und auch sonst kaum zu finden sein dürfte: mit den Zwillingsmühlen, einem der wohl am meisten fotografierten Motive der Region. Es handelt sich dabei um zwei Galerieholländer, die so dicht beieinanderstehen, dass es möglich ist, sie beide zusammen abzulichten.

Zwillingsmühlen in Rot und Grün

Die rote östliche Mühle, auch Schoof's Mühle genannt, stammt aus dem Jahr 1706. Sie ist zu besichtigen, Besucher können obendrein im Mühlencafé einkehren. Die westliche Mühle ist grün und exakt 150 Jahre älter. Hier wird bis heute Korn zu Futterschrot verarbeitet. Bei Führungen erhalten Gäste Einblicke in das Müllerhandwerk. Der Kopf der grünen Mühle wurde am 28. Oktober 2013 durch den Orkan Christian abgerissen. Zwei Jahre später waren Kappe und Flügel wieder aufgebaut. Die beiden Mühlen stehen nur rund 130 Meter voneinander entfernt.

Auch ansonsten ist das 1500-Einwohner-Städtchen hübsch anzusehen. Hier begann der Aufstieg des Häuptlingsgeschlechts Cirksena, das von 1464 bis 1744 die Grafen und Fürsten Ostfrieslands stellte und unter anderem auf der Wasserburg von Pewsum residierte (siehe Kapitel 33). Greetsiel verzaubert mit historischen Gassen und Giebelhäusern, die bereits seit dem 17. Jahrhundert stehen. Noch rund 300 Jahre älter ist der Fischerhafen, der reine

Äußerst fotogen ist der Kutterhafen von Greetsiel (unten). Auch das Ortszentrum kann sich sehen lassen (rechte Seite oben).

Seefahrerromantik verströmt. Er beheimatet die größte Kutterflotte Ostfrieslands mit 25 Krabbenkuttern. Außer dem sogenannten *Granat*, so heißen die Krabben hier, landen Plattfische wie Schollen, Scharben und Seezungen in den Netzen.

Die Schleuse Leysiel trennt Fischerhafen und Yachthafen von der offenen Nordsee. Sie kann bis zu acht Kutter gleichzeitig aufnehmen. Das 1991 errichtete Sperrwerk, zu der die Schleuse gehört, macht den Greetsieler Hafen tideunabhängig; er ist also nicht den Auswirkungen von Ebbe und Flut unterworfen. Das Bauwerk unterstützt die Entwässerungsfunktion der Anlagen in Greetsiel und Leybuchtsiel. Dabei nimmt ein 200 Hektar großer Speichersee das durch die Siele abfließende Wasser auf. Außerdem dient der See als Staubecken, wenn bei Sturmfluten das Binnenwasser über das Schöpfwerk hineingepumpt wird. Das alte Sieltor, bei dem das Greetsieler Sieltief mündet, ist schon mehr als 200 Jahre alt und bei Gästen ein beliebter Treffpunkt.

Malerischer Ortskern

Am Hafen und im malerischen Ortskern laden Teestuben, Cafés und Restaurants zur Einkehr ein. Für die jüngsten Gäste gibt es das Lükko-Leuchtturm-Kinderhaus mit Abenteuerspielplatz. Das Spielhaus ist nach der Figur Lükko Leuchtturm und seinen Freunden benannt, die unter anderem in Rätsel- und Abenteuergeschichten auftauchen. Nebenbei informieren die Erzählungen des Autors Bernd Flessner kindgerecht über Ostfriesland und seine Besonderheiten. Für Wellness und Aktivitäten bei jedem Wetter gibt es die Greetsieler Oase mit einem Schwimmbad, verschiedenen Saunabereichen und weiteren Gesundheitsangeboten. Ab Greetsiel starten in den Sommermonaten auch Ausflugsfahrten zu den Inseln Borkum, Juist und Norderney. Der Fischerort liegt direkt an der Leybucht, einer kleinen Bay an der ostfriesischen Westküste. Sie wurde im Laufe der Zeit größtenteils eingedeicht, sodass Greetsiel heute der einzige Hafenort an dieser Bucht ist – und ein besonders schöner noch dazu.

VOGELPARADIES WATTENMEER

Naturfreunde, insbesondere Ornithologen, schätzen die Halbinsel Leyhörn: In dem 646 Hektar großen Naturschutzgebiet leben unter anderem Säbelschnäbler, Große Brachvögel und verschiedene Entenarten. Tausende von Küstenseeschwalben, Ringelgänsen, Pfuhlschnepfen und anderen Zugvögeln nutzen das Wattenmeer als Rastplatz auf dem Weg in ihr Winterquartier und wieder zurück. Hier brüten seltene Vogelarten wie Sandregenpfeifer, Löffler, Großer Brachvogel (Bild) und Rohrweihe. So gibt es an der Nordseeküste auch noch weitere Vogelbeobachtungsplätze, oft ausgestattet mit Beobachtungstürmen oder -hütten, etwa im ostfriesischen Harlingerland, am Jadebusen, in der Region Butjadingen oder an den schleswig-holsteinischen Küstenabschnitten. Oft bieten die jeweiligen Schutzstationen des Wattenmeeres auch vogelkundliche Führungen an.

Info: www.schutzstation-wattenmeer.de

WEITERE INFORMATIONEN

www.greetsiel.de

Besonders reizvoll ist der Anblick der Zwillingsmühlen bei einer Fahrt über den Kanal (das Alte Greetsieler Sieltief). Trotz ihrer Ähnlichkeit trennen die beiden mehr als ein Menschenleben: Die grüne Mühle wurde 150 Jahre früher errichtet als die rote.

35 Die Niedersächsische Mühlenstraße

Bekannte Mühlen, unbekannte Kleinode

Greetsiel ist mit seinem Mühlen-Duo ein herausragendes Beispiel, doch es gibt zahlreiche weitere schöne Flügelbauwerke in Ostfriesland. Dies macht ein Projekt deutlich, das Orientierung bietet: Zur Niedersächsischen Mühlenstraße zählen 427 Mühlenstandorte in 29 Landkreisen – viele davon sind an oder nahe der Nordseeküste zu finden.

Auch die Krummhörn steuert Prachtmühlen bei, etwa wie hier in Pewsum (unten). Bei der Windmühle »De Vrouw Johanna« (Frau-Johanna-Mühle) in Emden handelt es sich um einen 1804 gebauten Galerieholländer (rechte Seite oben).

Ein bekanntes Bauwerk der Mühlenstraße ist beispielsweise die Bockwindmühle Dornum im Landkreis Aurich. Sie ist in ganz Ostfriesland die letzte ihrer Art und eine der ältesten erhaltenen Windmühlen in Norddeutschland. In Betrieb genommen wurde sie im März 1626 während des Dreißigjährigen Krieges. Der Ostfriesenhäuptling Hero Mauritz von Closter ließ sie bauen. Eine der bekanntesten Mühlen der Region und der Mühlenstraße ist die Peldemühle in Wittmund, errichtet 1741. Die Konzession hatte der Müller Poppe Embken bereits im Vorjahr vom Fürsten zu Aurich erhalten. Gestattet war ihm nur die Produktion von aus Gerste hergestellten Graupen. Nur deshalb durfte außer den Mühlen der Obrigkeit diese Privatmühle entstehen; der älteste noch erhaltene Galerieholländer in Ostfriesland. Sie ist noch immer als Kornmühle funktionsfähig und beherbergt ein regionalgeschichtliches und volkskundliches Museum zur Stadtgeschichte (siehe Kapitel 44).
Auch in einigen anderen Mühlen sind Museen untergebracht, wie etwa das Handwerksmuseum in dem Galerieholländer im Warfendorf Pewsum aus dem Jahre 1842 (siehe Kapitel 33). Die Ausstellung zeigt ostfriesische Handwerkskunst aus früherer Zeit. Auch Mühlen mit Café oder Übernachtungsmöglichkeiten gibt es in Niedersachsen.

Mühlen mit und ohne Naturenergie

In der größten ostfriesischen Stadt Emden blieb die Windmühle De Vrouw Johanna als

einzige Mühle nahezu vollständig erhalten. Der dreistöckige Galerieholländer entstand als Gemeinschaftswerk mehrerer Bauherrn 1804. Zur Niedersächsischen Mühlenstraße gehören aber auch neuere Mühlen wie die Dresch- und Wasserschöpfmühle Wrantepot in der Gemeinde Ihlow. Der Baubeginn der auch Schnellsche Mühle »De Kat« genannten Mühle, eine der kleinsten in Deutschland, datiert auf das Jahr 1935.
Im niedersächsischen Landkreis Wesermarsch stellt die Motormühle Berne ein Unikat dar – bekannt unter dem Namen Kulturmühle Berne wird sie heute für Veranstaltungen genutzt. Als Überbleibsel einer Bockwindmühle, die 1464 bis 1908 an diesem Platz stand, wurde sie 1890 durch eine Dampfmühle erweitert. Im Jahr 1905 kam ein Sauggasmotor hinzu. Die Bockwindmühle wurde 1908 abgebrochen, während die Motormühle noch bis 1938 ihren Dienst tat.

Engagierte Mühlenbesitzer

Der Mühlenförderverein Lüneburg e. V. rief das Projekt Niedersächsische Mühlenstraße 1998 ins Leben, mit dem Ziel, es auf ganz Niedersachsen auszuweiten. Deshalb übergab der Gründerverein die Trägerschaft für die Mühlenstraße im Jahr 2004 an die landesweit tätige Mühlenvereinigung Niedersachsen-Bremen e. V. Um die Fortsetzung der bereits erfolgreichen touristischen Route kümmert sich die eigenständig agierende Arbeitsgruppe Mühlenstraße mit dem niedersächsischen Landwirtschaftsminister als Schirmherrn.
Ohne das Mitwirken bereitwilliger Mühlenbesitzer könnte die Mühlenstraße wohl kaum 427 Mühlen im ganzen Bundesland verbinden. Indem sie sich als Standorte beteiligen, öffnen sie auch einen Teil ihres persönlichen Lebensbereichs für Besucher. Daher geht der Appell an alle Mühlenwanderer, sich entsprechend zu verhalten.
Die Mühlenroute ist auf der Homepage der Niedersächsischen Mühlenstraße nach Landkreisen geordnet abrufbar. Zu den jeweiligen Mühlen gibt es eine ausführliche Beschreibung sowie Infos zu Geschichte, Bauart, Baujahr und der Kontaktperson für einen Besichtigungstermin. Dabei ist stets angegeben, ob die jeweilige Mühle auch von innen angeschaut werden kann.

ÜBERNACHTEN IN DER MÜHLE

Auch die Mühle im Warfendorf Rysum, zu der ein Mühlencafé im Müllerhaus gehört, gilt als bekannte Sehenswürdigkeit in der Gemeinde Krummhörn. Nicht jeder aber weiß, dass sie auch Übernachtungsmöglichkeiten bietet. Jeweils Gruppen von sechs bis 16 Personen können den dreistöckigen Galerieholländer komplett buchen. Dazu gehört ein Schlafsaal im Dachboden mit acht Doppelstockbetten, eine Sanitäranlage mit zwei Toiletten, Waschraum und Dusche. Gefrühstückt wird im Mühlencafé, den Raum kann die Gruppe zusätzlich nutzen. Hinter der Mühle befindet sich eine große Terrasse mit überdachter Grillecke. Auch Fahrräder werden auf Wunsch organisiert. Von der Mühle bietet sich ein weiter Blick über die Emsmündung bis zu den Niederlanden und in Richtung Norden bis zur Insel Borkum.
Info: Interessengemeinschaft Rysum e. V., Denkmalstr. 5, 26736 Krummhörn-Rysum, Tel. 04927/424

WEITERE INFORMATIONEN

www.rysum.org, www.niedersaechsische-muehlenstrasse.de

Nahezu märchenhaft ist die Orgel in der Kirche von Rysum (oben). Diese Arp-Schnitger-Orgel macht die St. Ludgerikirche in der Stadt Norden zu einer sakralen Berühmtheit (rechte Seite unten).

36 Die ostfriesische Orgellandschaft

Klangvolle Kulturschätze

Die ostfriesischen Kirchen bilden eine der reichsten Orgellandschaften der Welt – mit mehr als 100 historischen Instrumenten aus sechs Jahrhunderten. Und nicht nur das: Der gesamte norddeutsche Raum glänzt mit einer epochalen Vielfalt an Orgeln, geprägt insbesondere durch den großen Meister Arp Schnitger.

Bezieht man bei Ostfriesland die benachbarte niederländische Provinz Groningen mit ein und blickt auf die komplette Ems-Dollart-Region, so ist sogar von *der* reichsten Orgellandschaft der Welt die Rede. Ihr Bestand umfasst mehr als 300 historische Orgeln und Orgelprospekte aus sechs Jahrhunderten. Im ostfriesischen Teil indes datieren zwei Drittel der Instrumente aus der Zeit vor 1850.

Historischer Rekord in Rysum

Die älteste Orgel Ostfrieslands stammt aus dem 15. Jahrhundert. Sie verbirgt sich in der evangelisch-reformierten Kirche des Warfendorfs Rysum. Der Orgelbaumeister Harmannus aus Groningen schuf sie im Jahr 1457. Die ab 1959 restaurierte Orgel hat sieben Register und ein gotisches Pfeifenwerk. Wesentliche Teile des Gehäuses und des ursprünglichen Pfeifenbestandes sind original. Die Rysumer Orgel ist noch immer voll bespielbar – eine der ältesten spielbaren Orgeln weltweit. Sie gilt daher auch als das älteste in seinem Pfeifenbestand noch weitgehend erhaltene Instrument Nordeuropas. Die zweitgrößte historische Orgel Ostfrieslands, gebaut ab 1710, steht in der St.-Bartholomäus-Kirche von Dornum: ein Werk des ostfriesischen Orgelbauers Gerhard von Holy (1687–1736). Das zweitälteste Instrument der Region befindet sich in der Großen Kirche in Leer. Der eindrucksvolle Orgelprospekt umhüllt 37 Register und rund 2500 Pfeifen. Gebaut wurde es wohl um die Mitte des 16. Jahrhunderts.

Werke von Arp Schnitger

Die Orgellandschaft in Ostfriesland und ganz Norddeutschlands prägte maßgeblich der

wohl größte Meister seines Fachs: Arp Schnitger (1648–1719) gilt als einer der berühmtesten Orgelbauer seiner Zeit und Vollender der norddeutschen Barockorgel. Kenner sprechen gar von einem »globalen Phänomen«. In der Ludgerikirche der ostfriesischen Stadt Norden befindet sich sein zweitgrößtes erhaltenes Werk (nach der Orgel in der Hamburger Jacobikirche). Mit 46 Registern und fünf Werken auf drei Manualklaviaturen und Pedal ist dies obendrein das größte Orgelwerk Ostfrieslands. Arp Schnitger baute die Orgel ab 1686.
Am Geburtstag Arp Schnitgers huldigt man in Niedersachsen dem Meister mit besonderen Konzerten. Zwar ist das exakte Datum nicht bekannt, doch der 2. Juli gilt als wahrscheinlich. So gibt es an diesem Tag und rund um das Datum entsprechende Veranstaltungen. Dazu gehört seit 2010 auch das Arp-Schnitger-Festival beim Musikfest Bremen, begleitet von einem Arp-Schnitger-Orgelwettbewerb.

Die norddeutsche Orgellandschaft

Der begnadete Orgelbauer stammte aus der Wesermarsch. Dort befindet sich in Brake-Golzwarden direkt neben seiner Taufkirche das Arp-Schnitger-Centrum. Dahinter steht die Arp-Schnitger-Gesellschaft e. V., die hier ein Informations- und Studienzentrum zur norddeutschen Orgelkultur aufgebaut hat. Um dieser Instrumentenbaukunst umfassend gerecht zu werden, ist der Blick auf die gesamte norddeutsche Orgellandschaft angebracht, von der die ostfriesische einen beträchtlichen Teil ausmacht. So liegt Bremen inmitten der reichsten Orgelregion Europas. Hier entwickelte sich in den Küstengebieten sowie an den Flussläufen von Elbe, Weser und Ems seit mehr als 500 Jahren eine flächendeckende Orgelkultur. Allein im nahen Umland von Bremen und Bremerhaven sind vier der am besten erhaltenen Schnitger-Orgeln zu finden – in den Kirchen von Cappel, Dedesdorf, Ganderkesee und Grasberg. Die gesamte norddeutsche Orgellandschaft gilt als die mit den weltweit meisten erhaltenen Instrumenten und Orgelregistern aus der Gotik, der Renaissance und dem Barock. Es lohnt sich also, auch jenseits der Region Ostfriesland auf diese Schätze zu achten.

DAS ORGANEUM IN WEENER

Der Erschließung, Erforschung und Förderung der nordwestdeutschen Orgellandschaft widmet sich das Organeum in Weener, einer kleinen Stadt an der holländischen Grenze. Hier fand eine beachtliche Instrumentensammlung ihren Platz in einer Stadtvilla aus der Gründerzeit. Das Organeum versteht sich als Kultur- und Bildungszentrum und betreibt auch ein Museum. Außer Hausorgeln, seltenen Harmonium-Bauarten und Cembali sind dort Tafelklaviere, ein Pedalklavier und weitere historische Tasteninstrumente ausgestellt. Auch die Stadt selbst hat eine besondere Orgel vorzuweisen: In der reformierten St.-Georgs-Kirche ist ein Spätwerk Arp Schnitgers aus dem Jahr 1710 zu finden, an dem bereits seine Söhne mitwirkten.
Info: Organeum, Norderstr. 18, 26826 Weener, Tel. 04951/91 22 03, www.ostfriesischelandschaft.de

WEITERE INFORMATIONEN

Norddeutsche Orgelmusikkultur:
www.nomine.net

37 Ein Raum der Imagination – Kloster Ihlow

Spurensuche im sakralen Ostfriesland

Viel ist nicht geblieben von den Mauern der mittelalterlichen ostfriesischen Klöster. In Ihlow machte man aus dem Mangel eine Tugend. Hier wurde eine ehemalige Zisterzienserabtei sozusagen neu erfunden und doch in ihrem Wesen bewahrt. Besucher können die historische und spirituelle Dimension des Ihlow-Klosters erfahren, seine Geschichte lernen und sogar in seine Zukunft blicken.

In Ostfriesland existierten zur mittelalterlichen Hochphase rund 30 Klöster, Stifte und Kommenden verschiedener Klosterverbände, die meisten gebaut im 12. und 13. Jahrhundert. Die Region soll sogar mit die größte Dichte an Klöstern im damaligen Deutschen Reich besessen haben. Nach der Reformation wurden die ostfriesischen Klöster aufgelöst und die Gebäude abgetragen. Auch viele Bild- und Schriftquellen gingen dabei verloren.

Die Imagination der Abtei

Umso wertvoller erscheint das Projekt im neu gestalteten Kloster Ihlow, das die sakrale Regionalgeschichte beleuchtet. Wer allerdings ein Bauwerk à la *Im Namen der Rose* erwartet, mit düsterem Kreuzgang und meterdicken Mauern, wird staunen angesichts der Teilrekonstruktion im Wald von Ihlow. Die ehemalige Zisterzienserabtei Schola Dei, »Schule Gottes«, bestand im Zeitraum von 1228 bis 1529. Das seinerzeit größte Gotteshaus zwischen Bremen und Groningen wurde mit Pfeilern aus Holz und Stahl nachgebildet. Sie folgen den historischen Formen des Gewölbes mit einem Dachreiter, der charakteristisch ist für Zisterzienser-Kirchen.

Der ehemalige Sakralbau maß fast 68 Meter in der Länge und im Querhaus rund 35 Meter in der Breite. Eine »Imagination«, geschaffen mit architektonischen und künstlerischen Mitteln, soll dieses Raumempfinden der Abtei wieder

Der neue Ihlower Altar im Raum der Spurensuche (unten). Die begehbare Stahlkonstruktion erinnert an die frühere Klosterkirche (rechte Seite oben). Am Ziel des Pilgerwegs, der auch durch lichten Buchenwald führt, wartet die Ludgerikirche in Norden (rechte Seite unten).

aufleben lassen. So erhalten die Gäste einen Eindruck von der imposanten ehemaligen Klosteranlage. Zugleich fordert es die Fantasie heraus sich vorzustellen, wie die Mönche einst dort lebten. So kann jeder Besucher die Ihlower Klosterstätte auf seine eigene Weise wahrnehmen und erfahren.

Raum der Spurensuche

Einen Teil der Imagination beansprucht der unterirdisch angelegte »Raum der Spurensuche« mit einer Ausstellung archäologischer Grabungsfunde und dem neuen Ihlower Altar als einer Stätte der Besinnlichkeit. Licht, Text und Töne leiten die Besucher bei ihrer Spurensuche durch den Raum. Die von einem Klanggemälde des Berliner Komponisten Christopher von Deylen unterlegte Ausstellung umfasst die Archäologie des Mittelalters genauso wie Relikte weiterer untergegangener ostfriesischer Klöster. Zahlreiche Ausgrabungsfunde der vergangenen Jahre sind versammelt, insbesondere auch die Ihlower Fliesen. Dabei handelt es sich um Bodenplatten mit Löwen, Adlern und Fabeltieren, die vermutlich im Altarraum der früheren Klosterkirche verlegt waren.

Ein besonderes Exponat im Raum der Spurensuche stellt der Christentums-Fries dar, gebildet aus 17 Tafeln mit der Welt-Glaubenshistorie an einer halbrunden Wand. Er bettet die Daten der friesischen Geschichte in eine Zeitleiste ein, die vom letzten Abendmahl Jesu in Jerusalem bis zum Aufbau des ersten Gewölbebogens der Ihlower Klosterkirchen-Imagination am 25. September 2008 reicht. Der Rundgang durch den Raum der Spurensuche führt dann schließlich zum neuen Ihlower Altar. Er besteht aus einem kreiselförmigen Tisch, gestützt von einer Bronzeplastik. Sie bildet das Fragment einer Steinplatte mit Weihekreuz nach, die Ausgrabungen an der Klosterstätte zutage förderten. Dabei handelt es sich vermutlich um ein Bruchstück einer früheren Altarplatte.

Klostergarten und Café

Das Gelände der Imagination umrahmen immergrüne, begehbare Mauern, geschaffen aus Stahlgittermatten, über die Efeu wuchert. Sie versinnbildlichen die Backsteinwände der einstigen Klosterkirche. An der südlichen Seite der Imagination befindet sich der Klostergarten mit vier Themengärten, durch die acht Pfade führen. Er informiert über die Wirkung und Bedeutung der Pflanzen im Mittelalter. Zum Gelände gehört auch ein ehemaliges Forsthaus, in dem nun das Klostercafé untergebracht ist.

OSTFRIESISCHER PILGERWEG

Schola Dei, »Schule Gottes«, heißt auch ein rund 40 Kilometer langer Pilgerpfad, der von Ihlow über Marienhafe bis zur Stadt Norden führt. Größtenteils verläuft er auf einem historisch belegten Wallfahrtsweg. Er beginnt bei der Nachbildung des ehemaligen Zisterzienserklosters im Wald von Ihlow. Die weiteren Abschnitte führen vorbei an Kirchen und historischen Plätzen nach Marienhafe und schließlich nach Norden mit der Ludgerikirche aus dem 13. Jahrhundert, dem größten mittelalterlichen Gotteshaus Ostfrieslands.

Info: www.kirchenkreis-norden.de

WEITERE INFORMATIONEN

www.kloster-ihlow.de,
www.ihlow-tourismus.de

Im Alten Rathaus ist das Ostfriesische Teemuseum untergebracht (oben). Auch schmucke alte Segelboote sind im Hafen von Norddeich zu bewundern (rechte Seite oben). Ein inniges Gebäudeensemble: Die »Drei Schwestern« am Marktplatz (rechte Seite unten).

38 Teestadt und Strandvergnügen – Norden-Norddeich

Nordseeheilbad mit kulturellem Reigen

Der Tee gehört zu Ostfriesland wie der Deich zur Nordseeküste. So etwas wie seine Hauptstadt ist Norden; hier konzentrieren sich gleich zwei Museen auf die Tradition des Teetrinkens. Auch ansonsten hat die älteste Stadt Ostfrieslands reichlich Kultur vorzuweisen. Im Ortsteil Norddeich ziehen Badestrand und Wattenmeer viele Urlauber an.

Mitten in der Altstadt können Besucher in die Teekultur eintauchen und etwas über die Vergangenheit Nordens erfahren. Das Ostfriesische Teemuseum im historischen Alten Rathaus informiert über die Geschichte des Heißgetränks. In einer weiteren Abteilung geht es um die rund 5000-jährige Stadtgeschichte. Sie beginnt mit den frühesten Ansiedlungen im Norderland und führt bis zum heutigen Nordseetourismus. Im Festsaal des Alten Rathauses werden stilgerecht die gehobene Wohnkultur des 17. bis 19. Jahrhunderts und historisches Norder Silber präsentiert. Werkstätten zeigen traditionelles Handwerk rund um den Tee: eine Zinngießerei, eine Gold- und Silberschmiede, eine Stövchenmanufaktur und eine Porzellanmalerei.

Zwei benachbarte Teemuseen

Die Hauptbereiche des Museums gehen zunächst auf die ostfriesische Teekultur ein sowie auf die verschiedenen Anbaugebiete, die Verarbeitung und Herstellung der originalen Ostfriesenmischung. Auch über die Dekore des ostfriesischen Teegeschirrs erfährt man hier so manches. Weitere Schwerpunkte der Ausstellung liegen auf dem historischen Fernhandel und der heutigen weltweiten Teegebräuche. An bestimmten Terminen können Besucher obendrein an einer echten ostfriesischen *Teetied*, der ostfriesischen Teezeremonie, teilnehmen.
Im Nachbargebäude am Markt ist die Sammlung Oswald von Diepholz untergebracht. Diese Ausstellung umfasst mehr als 2000 Stü-

Am Markt

cke zur internationalen Kulturgeschichte des Tees. Ein Kombiticket für beide Tee-Museen ist erhältlich.
Gleich um die Ecke liegt in der Große(n) Neustraße das Bauhaus Norden. Untergebracht in einem historischen Bürgerhaus von 1781, zeigt es Ausstellungen zur Stadt- und Baugeschichte. Außerdem befindet sich hier ein Sportmuseum. Initiator ist der Kreissportbund Aurich, der verschiedene Ausstellungen rund um die Nordener Sportgeschichte organisiert und einen Seitenblick auf die ostfriesischen Sportarten Boßeln und Klootschießen wirft. Der Zugang zum Bauhaus erfolgt über das Kunsthaus Norden. Hier macht der Kunstverein Norden e. V. Originale aus der zeitgenössischen Kunst und der klassischen Moderne interessierten Besuchern zugänglich. Rund acht Mal jährlich gibt es große Ausstellungen in den Räumen des Kunsthauses oder der Kreisvolkshochschule (KVHS). Ein Forum für junge Künstler und eine Sommerakademie ergänzen die Einrichtung.

Drei Schwestern am Marktplatz

Verbinden lassen sich die Museumsbesuche mit einem Bummel durch das historische Zentrum der heutigen 25 000-Einwohner-Stadt. Neben dem 1855 im Stil des Klassizismus erbauten Rathaus steht ein viel beachtetes Gebäudeensemble: Die *Dree Süsters*, auf Plattdeutsch für »Drei Schwestern«. Es handelt sich dabei um drei eng miteinander verbundene, giebelständige Backsteinbauten. Das linke Haus stammt aus der Zeit um 1570, das mittlere von 1630. Das rechte Haus, das 1963 abgerissen worden war, entstand 1991 nach altem Vorbild neu.
Zu einer der bedeutendsten Sehenswürdigkeiten der Altstadt zählt die im 13. Jahrhundert errichtete Ludgerikirche mit der berühmten Arp-Schnitger-Orgel (siehe Kapitel 36). Das barocke Instrument ist die größte Orgel Ostfrieslands. Auch eine Mennonitenkirche aus dem Jahr 1662 gehört zu Norden. Im Ortsteil Tidofeld steht seit 1961 eine Gnadenkirche mit einer Dokumentationsstätte zur Integration von Flüchtlingen und Vertriebenen in Niedersachsen und Nordwestdeutschland. Außerdem befinden sich drei Mühlen im Nordener Stadtgebiet. Die Frisia-Mühle beherbergt eine Ausstellung über das Bäckerei-Handwerk, während die Westgaster Mühle mit ihrer Teestube zum Verweilen einlädt. Die Deichmühle ist ein vierstöckiger Galerieholländer aus dem Jahr 1900.

Bei den Ostertänzen auf dem Markt trägt man friesische Tracht (unten). Das Ostfriesische Teemuseum zeigt die Geschichte und Bedeutung des hiesigen »Nationalgetränks« (ganz unten).

Auch einige spezielle, teils skurrile Museen sind in Norden zu entdecken. Da wäre etwa die Harzer-Roller-Kanarien-Vogelstube, eine rund 500 Jahre alte nostalgische Vogelzucht. Sie ist im denkmalgeschützten Gebäude des Hotel-Restaurants Smutje untergebracht. Das Funktechnische Museum Norddeich Radio e. V. zeigt originale Exponate und Dokumente der ehemaligen Küstenfunkstelle in Utlandshörn. Ein Eisenbahnmuseum im Lokschuppen präsentiert eine Sammlung historischer Fahrzeuge, Geräte und Eisenbahnobjekte.

Badestrand und Seehundstation

Über einen großen gebührenpflichtigen Parkplatz, an dem auch die Touristinformation liegt, geht es zum Ortsteil Norddeich. Hinter dem Landschutzdeich weitet sich der überschaubare, von einigen Dünen gesäumte Sandstrand aus. An ihn grenzen ein grüner Strand mit Liegewiesen sowie ein weiterer Bereich, um Drachen steigen zu lassen. Den Treffpunkt bildet das dominante und etwas nüchtern wirkende Haus des Gastes. Es bietet auf gut 1500 Quadratmetern alle Annehmlichkeiten, die Feriengäste erwarten: Strandshop, Gastronomie und sanitäre Einrichtungen. Vor dem Haus des Gastes starten die Touren der verschiedenen Wattführer.

Neben der Touristinformation am Strandparkplatz gibt es einige lohnenswerte Einrichtungen, insbesondere für Familien. Die Besuchern zugängliche Seehundstation im Nationalpark-Haus ist Niedersachsens autorisierte Aufnahmestelle für verlassen oder erkrankt aufgefundene Robben. Hier werden auch Heuler aufgepäppelt, wenige Wochen alte Jungtiere ohne Mutter. Eine Ausstellung informiert über die Biologie und Gefährdungen der Tiere sowie über die Schutzmaßnahmen im Lebensraum Wattenmeer. Zur Seehundstation gehört auch das Waloseum, das unter anderem ein riesiges Pottwalskelett zeigt. Es liegt etwas außerhalb in Richtung Neßmersiel. Ein Kombiticket für beide Häuser ist erhältlich. An der Abzweigung zum Walosseum ist das Automobil- und Spielzeugmuseum ein weiteres lohnendes Ziel. Direkt neben der Seehundstation in Norddeich befindet sich mit dem Erlebnisbad Oceanwave eine beliebte Ferienattraktion für jedes Wetter. Familien gefällt auch der benachbarte Erlebnispark Norddeich mit unter anderem Abenteuergolf, einem Rätsellabyrinth und dem Märchenschiff mit Erzähltheater für Kinder und Erwachsene. All diese Einrichtungen sind von dem großen (gebührenpflichtigen) Parkplatz an der Straße Dörper Weg auf kurzem Weg erreichbar, genauso wie der Badestrand.

WATTWANDERUNG ZUR ITZENDORFER PLATE

Vor dem Strand von Norden-Norddeich befand sich noch im frühen 18. Jahrhundert eine kleine Ansiedlung mit Hafen: Itzendorf war ein Zentrum der Torfsalzgewinnung und erblühte damit zu einem Ort des Wohlstands. Der Torf wurde verbrannt, um daraus das dunkelgraue Friesensalz zu gewinnen. Der Abbau des Bodens aber hatte Folgen. Das Land senkte sich und war damit bei schwerem Wetter leichter angreifbar. Zu Weihnachten 1717 verschlang eine Sturmflut Itzendorf. Fast alle Bewohner ertranken. Geblieben ist die Itzendorfer Plate, eine große Sandbank zwischen Norddeich und Juist. Nationalpark-Wattführer Heiko Kampen steuert sie als Ziel seiner Touren an.
Info: www.heiko-campen.de

WEITERE INFORMATIONEN

www.norden.de, www.norddeich.de
www.teemuseum.de (Teemuseum Norden), www.teemuseum-norden.de (Sammlung Oswald von Diepholz)
www.seehundstation-norddeich.de,
www.kunstverein-norden.de.

39 Nah am Wasser gebaut – die Sielorte

Historische Kutterhäfen, moderne Fähranleger

Ortschaften mit der Endung -*siel* kommen an der ostfriesischen Küste häufig vor, von Greetsiel im äußersten Westen bis Hooksiel im Osten der Region. So findet man hier eine charakteristische Landschaft mit Häfen und Kanälen. Viele dieser Küstenorte versprühen reichlich Charme. Mit ihren Fährhäfen bilden die Sielorte Tore zu den Ostfriesischen Inseln.

Die Siele entstanden seinerzeit als Entwässerungsgräben. Sie leiten Wasser, beispielsweise aus Niederschlägen, das sich hinter den Deichen ansammelt, in die Nordsee zurück. Die dazu geschaffenen Sieltore lassen sich schließen und verhindern dadurch, dass Meerwasser ins Binnenland gelangt. Häufig ist solch ein Tor mit einer Schleuse und einem Hafen verbunden.

Durch Entwässerungsmaßnahmen wie diese konnte der Mensch im Laufe der Jahrhunderte dem Wattenmeer etliche Landflächen abringen. An den Mündungen vieler Siele gediehen Hafenorte. Einer der größten und bekanntesten ist Greetsiel in der Krummhörn. Auch Neuharlingersiel im Nordosten Ostfrieslands hat sich viel vom ehemaligen Fischerdorf bewahrt. Herzstück des Ferienortes ist der von einem Verein liebevoll gepflegte Kutterhafen mit seinen bunten Booten. Regelmäßig auftretende Shantychöre sorgen für seemännische Unterhaltung. Zu den Attraktionen gehört unter anderem das Buddelschiffmuseum am westlichen Hafenrand. Hier sind mehr als 100 Schiffsmodelle in vielen Größen ausgestellt. Sie stecken in Flaschen mit Volumina von 0,7 bis 60 Litern. Auch zahlreiche Bauzeichnungen, seltene Fotos und Kapitänsbilder sind zu bewundern.

Vom Schöpfwerk zum Sielhof

Im Kutterhafen mündet das Neuharlinger Sieltief in die Nordsee. Folgt man dem Kanal in der Gegenrichtung und überquert die Durchfahrtsstraße, so rückt die Konstruktion des

Noch immer ist der Kutterhafen für die Fischerei von Bedeutung (unten). Zugleich ist das liebevoll gepflegte Herzstück von Neuharlingersiel ein Besuchermagnet, wozu auch das Buddelschiffmuseum gehört (rechte Seite oben und ganz unten).

Neuharlinger Schöpfwerks in den Blick. Der Spazierweg führt von dieser Hebevorrichtung für Wasser am Sieltief entlang zu einem besonderen Gebäude: dem Sielhof, einem ehemaligen Herrensitz aus dem 18. Jahrhundert. Der Prachtbau wurde mit viel Liebe zum Detail restauriert und zeitgemäß umgestaltet. In der oberen Etage residiert heute das Haus des Gastes. Das Gesellschaftszimmer des Adelssitzes dient als Bühne für Kulturveranstaltungen. Eine Ausstellung informiert über die Region und die Küstengeschichte. Den Sielhof umgibt eine stilgerechte Parkanlage, zu der auch eine Kapelle gehört.

Die Sielorte als Ferienziel

In Carolinensiel zeigt sich, was Landgewinnung möglich machte: Der früher direkt an der Küste gelegene Ort befindet sich heute zwei Kilometer weiter landeinwärts. Einst der zweitgrößte Handelshafen Ostfrieslands, bildet nun der neu gewachsene Ortsteil Harlesiel den Hafen mit Fähranleger zur Insel Wangerooge. Der alte Hafen von Carolinensiel ist vor allem schön anzusehen, einige seiner Gebäude gehören zum Sielhafenmuseum, das über die Tradition des Fischer- und Seefahrerortes berichtet (siehe Kapitel 40).
Einige Sielorte dienen als Fährhafen zu den Ostfriesischen Inseln, oft verbunden mit einem Badestrand und Campingplätzen. Eines der wohl am meisten besuchten und besonders bei Familien beliebten Ferienziele ist Bensersiel (siehe Kapitel 42). Auch im Nordseeheilbad Horumersiel, das in der Urlaubsregion Wangerland liegt, ist jede Menge los. Beschaulicher geht es etwa im kleinen Neßmersiel zu, wo die Fähre nach Baltrum ablegt oder am Kurbadeort Dornumersiel mit seinem schönen Sandstrand.
Die Kanäle, die zu den Sielen führen, heißen in Ostfriesland *Tief* oder – wenn sie kleiner sind – *Leide*. Sie bilden Wasserstraßen wie Neuharlinger Sieltief, Stuhlleide, Falstertief, Rietleide und Meyenburger, die Wasserwanderer schätzen. Einige von ihnen führen auch zu den »Meeren«, den ostfriesischen Binnenseen, wozu etwa das Große Meer bei Emden gehört (siehe Kapitel 41). Übrigens sind auch an der Nordsee vereinzelt Orte wie Katingsiel, Schlüttsiel oder Ostersiel zu finden. Dort prägen jedoch Köge die Landschaft.

STROHBALLENROLLEN

Ein jährliches Ereignis in Dornumersiel sind die Strohballen-Rollmeisterschaften. Die teilnehmenden Mannschaften befördern einen Rundballen über drei verschiedene Wettkampfstrecken auf der Drachenwiese. Königsdisziplin stellt das Deichhochrollen dar, als weitere Disziplinen sind die Gerade Strecke und ein Slalomparcours zu bewältigen. Auf Schnelligkeit, Geschicklichkeit und Ausdauer kommt es an, denn bei den Rundballen handelt es sich um mannshohe Gebilde in Zylinderform.
Info: www.dornum.de

WEITERE INFORMATIONEN

www.hafenfreunde-neuharlingersiel.de, www.buddelschiffmuseum.de

Traditionelle Plattbodenschiffe schmücken den Hafen von Carolinensiel (oben). Die Figur der Caroline steht im Zentrum des Ortes (rechte Seite unten).

40 Hafengeschichte als Erlebnis – Carolinensiel

Zu Besuch im Deutschen Sielhafenmuseum

Die Vergangenheit eines Sielortes ist in Carolinensiel greifbar. Mit mehreren Gebäuden und Außenbereichen prägt ein Museum den Ort. Zentrum des Treibens bildet der historische Hafen – vor allem, wenn gerade die Wattensail gefeiert wird. Auch am neu gewachsenen Ortsteil Harlesiel mit Yachthafen und Badestrand spielt sich das Urlaubsleben ab.

Das Deutsche Sielhafenmuseum verteilt sich über den gesamten Fischerort Carolinensiel, insbesondere auf einige Häuser rund um den Museumshafen und weitere Plätze im Ortsteil Harlesiel. Im Groot Hus, einem Kornspeicher aus dem Jahr 1840, geht es um die Geschichte der Siele, Häfen, Deiche und der Schifffahrt. Weitere Bereiche der Ausstellung informieren über Küstenfischerei und Nordseetourismus sowie das Leben an Land. Letzteres unterstreicht eindrucksvoll das 1803 errichtete Kapitänshaus mit originalgetreu eingerichteter Hafenapotheke, einer Seemannskneipe und dem Kaufmannsladen. Auf der anderen Seite des Museumshafens befindet sich die Alte Pastorei. Hier können sich Besucher auf höchst anschauliche Weise über maritime Handwerksberufe wie Schiffsbauer, Takler, Blockmacher, Seiler und Böttcher informieren.

Rettungsstation an der Friedrichsschleuse

In Richtung Harlesiel steht die Historische Rettungsstation direkt an der Klappbrücke bei der Friedrichsschleuse von 1765. Das heutige Gebäude aus dem Jahr 1910 wurde noch bis 1945 zu diesem Zweck genutzt. Als Teil des Sielhafenmuseums bereitet es das Rettungswesen zu Zeiten der Ruderrettungsboote multimedial auf. Auch die Friedrichsschleuse, die den einstigen Hafen vor Überflutungen schützte, lohnt die nähere Betrachtung. Sie wird von einem Wärter per Hand bedient, wenn ein Segelschiff sie passieren möchte.
Ein Bummel durch den Museumshafen mit historischen Booten lohnt sich auch unabhängig vom Besuch des Museums. Hier legen Schiffe zu Abstechern ins Wattenmeer ab. Süßwasserfahrten nach Harlesiel und wieder zurück sind mit dem Raddampfer *Concordia II* möglich.

Das originalgetreu nachgebaute Schiff heißt nach einem historischen Seiten-Raddampfer, der um 1850 auf der Harle unterwegs war.

Die Figur der Caroline

An der Hafenbrücke steht die Caroline, eine Bronzefigur, die im Jahr 2005 anlässlich der 275. Jahresfeier von Carolinensiel aufgestellt wurde. Sie stellt eine junge Frau dar, die ein Schiff in ihren Händen verzückt ansieht. Namensgeberin des Ortes ist Sophie Karoline von Brandenburg-Kulmbach, im 18. Jahrhundert Fürstin von Ostfriesland. Der alte Fischerhafen des 1730 gegründeten Carolinensiel war in Betrieb, bis sich die Zeit der Frachtsegler dem Ende zuneigte. Fast völlig verschlickt wurde er 1962 bis auf eine Entwässerungsrinne zugeschüttet. Im Jahr 1986 eröffnete der neu gestaltete Museumshafen. Damit ihn Traditionssegler mit stehendem Mast anlaufen können, baute man die vorherige Straßenbrücke an der Friedrichsschleuse zur Klappbrücke um.
Mit der Eröffnung des Museumshafens führte Carolinensiel ein Hafenfest ein, das seitdem jährlich begangen wird. Jeweils am zweiten Augustwochenende steigt die Wattensail mit einer bunten Parade als Höhepunkt. In Carolinensiel steht auch die wohl einzige Kirche an der Nordseeküste, die auf einem Deich errichtet wurde. Sie stammt aus dem Jahr 1776, der frei stehende Glockenturm kam sieben Jahre später hinzu. Im Altarraum der Deichkirche hängen drei Votivschiffe. So heißen Schiffsmodelle, die Seeleute ihrer Heimatkirche spendeten, um für heil überstandene Fahrten zu danken oder um Schutz zu erbitten. Im Ortsteil Harlesiel befinden sich ein Yachthafen, der Fähranleger Richtung Wangerooge und ein Sandstrand samt Campingplatz mit einem beheizten Meerwasserfreibad.

HISTORISCHER RUNDWANDERWEG

Das Sielhafenmuseum lässt sich besonders ausgiebig auf einem historischen Rundwanderweg erkunden. Die sieben Kilometer lange Route führt von Carolinensiel entlang der Harle über die Friedrichsschleuse bis zum Strand von Harlesiel. Sie umfasst 18 geschichtlich bedeutsame Gebäude und Plätze. Schautafeln informieren über Themen der Regionalgeschichte wie Deichbau, Fischerei oder Nordseetourismus. Zurück geht es entlang der »Goldenen Linie«: Sie entstand im 17. Jahrhundert als Grenze zwischen dem Fürstentum Ostfriesland und der Grafschaft Oldenburg in der Harlebucht. Den Rundwanderweg legte das Deutsche Sielhafenmuseum anlässlich des 275. Hafenjubiläums an. Eine Broschüre zu den Infotexten auf den Tafeln liegt im Museumsshop bereit.
Info: Deutsches Sielhafenmuseum, Pumphusen 3, 26409 Wittmund-Carolinensiel, Tel. 04464/869 30, www.deutsches-sielhafenmuseum.de

WEITERE INFORMATIONEN

Touristinformation Carolinensiel-Harlesiel (In der Cliner Quelle): Nordseestr. 1, 26409 Carolinensiel-Harlesiel, Tel. 04464/949 30, www.carolinensiel.de

41 Binnenseen in Moorlandschaften – die Meere

Wassersport und Naturjuwelen

Wenn in Ostfriesland von Meer die Rede ist, muss es sich nicht unbedingt um die Nordsee handeln. Denn als Meere werden hier auch reizvolle Gewässer im Binnenland bezeichnet. Drei Flachmoorseen und ein Hochmoorsee sorgen für abwechslungsreiche Landschaften.

Meere sind hier also auch mal fernab der Küste zu finden. Gleich drei davon liegen dicht beieinander in der Gemeinde Südbrookmerland, einer Ferienregion zwischen den Städten Emden, Aurich und Norden. Das größte der ostfriesischen Binnenmeere heißt schlicht Großes Meer, mit ihm verbunden sind das Loppersumer Meer sowie das Kleine Meer, auch Hieve genannt. Bei diesen drei Meeren handelt es sich um Flachmoorseen. Sie haben sich aus den Überresten größerer Grundwasseransammlungen gebildet. Diese Meere sind nur rund 40 bis 100 Zentimeter tief und teils von einem Schilfgürtel umgeben. In den Moorgebieten mit ihren angrenzenden Feuchtwiesen brüten, überwintern und leben zahlreiche Vogelarten.

Seen mit Freizeitwert

Das Große Meer hat eine Gesamtfläche von 460 Hektar und eine maximale Tiefe von einem Meter – somit ist es auch besonders für ungeübte Wassersportler ideal. Aufgrund seiner Größe kann es bei entsprechendem Wetter auch ordentlich Wind und Wellen geben. Der südliche Teil des Großen Meeres steht unter Naturschutz; er ist daher für den Wassersport gesperrt. Ganz anders verhält es sich beim nördlichen Seebereich. Hier geht alles: von Paddeln und Rudern über Surfen bis hin zum Segeln. Auch Angler schätzen das Binnengewässer. Allerdings darf nicht mit Motorkraft gefahren werden.

Es handelt sich um eine ehemalige Bruchlandschaft, die sich auch im Namen der heutigen

Das Ewige Meer bei Westerholt (unten). Moorlandschaft bei Abelitz im Südbrookmerland (rechte Seite oben).

Gemeinde Südbrookmerland widerspiegelt. Ursprünglich befand sich hier eine Niederung mit zahlreichen Binnenseen, die sich vom Norder Tief bis zum Fehntjer Tief erstreckte, also den Wasserwegen nahe der Stadt Norden beziehungsweise Emden. So bedeckte quasi fast den gesamten Westen von Ostfriesland ein einziges Seengebiet. Im Laufe der Zeit versandeten die kleineren Gewässer. Das Große Meer und seine beiden benachbarten Meere blieben erhalten. Dabei dehnte sich das Große Meer im späten Mittelalter und in der frühen Neuzeit noch weiter aus. Die sich weiter ins Land schiebende Leybucht ließ den Grundwasserspiegel ansteigen, sodass sie ein Reservoir im weiter angewachsenen Großen Meer bilden konnte. Über Gräben und Kanäle ist das Gewässer mit anderen Binnenseen verbunden, insbesondere mit dem Loppersumer Meer im Nordwesten und der wiederum südlich davon gelegenen Hieve. Eine schöne Rundroute verbindet alle drei Meere (siehe Autorentipp).

Der größte Hochmoorsee

Ungefähr 20 Kilometer weiter nordöstlich bettet sich ein ganz anderes Meer in eine stille Landschaft: das Ewige Meer, ein Naturschutzgebiet an der Grenze der Landkreise Wittmund und Aurich. Es bedeckt als größter Hochmoorsee Deutschlands eine Fläche von 89,2 Hektar und erreicht bis zu drei Meter Tiefe. Der Binnensee befindet sich nahe der Ortschaft Eversmeer. Ein mit Schautafeln versehener Holzbohlenweg leitet Spaziergänger und Naturfreunde durch die Moorlandschaft und führt am Gewässer entlang. Auch für Familien ist dies ein spannendes Ziel.

Außer dem großen Hauptsee sind noch kleine Seen, sogenannte Mooraugen, vorhanden, und zwar das 3,7 Hektar umfassende Kleine Eversmeer, die acht Hektar große Dobbe und das Krickmeer mit einer Fläche von gerade einmal 0,7 Hektar. Zudem liegen einige Rinnen frei, die durch die Torfgewinnung entstanden sind. In dieser Zone brüten die letzten Trauerseeschwalben in Ostfriesland, die unter strengem Naturschutz stehen. Im Moorgebiet rund um das Ewige Meer wurden einige archäologische Funde gemacht, unter anderem die Moorleiche von Bernuthsfeld, die im Ostfriesischen Landesmuseum Emden ausgestellt ist (siehe Kapitel 30).

DER DREI-MEERE-WEG

Die Umgebung des Großen Meeres lockt mit idyllischen Landschaften, wie geschaffen zum Radfahren oder Wandern. Es geht vorbei an restaurierten Windmühlen und Freilichtmuseen, durch historische Reihendörfer mit mittelalterlichen Kirchen. Eine besonders schöne Tour führt einmal um alle drei Flachmoorseen: der Drei-Meere-Weg, eine circa 15 Kilometer lange Rundstrecke. Sie ist leicht befahrbar und auch für Wanderer gut geeignet. Zweimal gilt es mit einer kleinen Fähre, der sogenannten Pünte, das Marscher Tief zu überqueren. Bei einer Pünte übernehmen die Passagiere selbst die Rolle des Fährmanns. Die schwimmende Plattform wird mit einem großen Schwungrad per Muskelkraft angetrieben. Der Drei-Meere-Weg ist jeweils vom 15. April bis zum 15. Oktober von 8 Uhr bis 20 Uhr befahrbar. An vielen Stellen wurden Schutzhütten oder Sitzmöglichkeiten für die Rast eingerichtet.

Info: Ewiges Meer, Parkplatzstr. 3, 26565 Eversmeer, www.stoertebekerland.de

WEITERE INFORMATIONEN

Südbrookmerland Touristik: Am Gästehafen 1, 26624 Südbrookmerland, Tel. 04942/20 47 20 00, www.grossesmeer.de

Der große Sandstrand von Bensersiel erfreut sich vor allem im Hochsommer großer Beliebtheit (oben). Der Tidebrunnen folgt dem Rhythmus der Gezeiten (rechte Seite unten).

42 Stadtkultur und Strandspaß – Esens-Bensersiel

Zwei äußerst unterschiedliche Ortsteile

An der Küste spielt sich das bunte Badeleben ab mit Strandkörben, Camping und allem, was noch dazugehört, und nur fünf Kilometer weiter landeinwärts zieht es die Urlauber in Museen, die in einer Mühle oder im Kirchturm untergebracht sind. Einer aber ist überall mit dabei: der Bär als Maskottchen und Wappentier.

In Bensersiel dominiert das Strandportal ein Infozentrum, das auch den Zugang zum Badebereich bildet. Gleich daneben befindet sich der mit fünf Sternen ausgezeichnete Familiencampingplatz, dessen Maskottchen Benni Bärenstark man hier häufig als Figur antrifft. Am weitläufigen Strand geht es bunt und quirlig zu, östlich liegt der Hafen an der Mündung des Benser Außentiefs. Hier legt auch die Fähre zur Insel Langeoog ab.

Wattenhuus mit Gezeiten-Simulator

Die Zufahrt zum Strand ermöglichen die beiden Deichbrücken, sie bilden das Wahrzeichen Bensersiels. Ihre weißen Metallkonstruktionen überspannen die Deichscharten und führen zum Sieltor. Die Drehbrücken mit einer lichten Höhe von vier Metern schwenken zur Seite, um höhere Fahrzeuge passieren zu lassen. Wenn die Deichbrücken geschlossen sind, können Fußgänger darüber spazieren und einen Blick über den Sielort und den Hafen genießen. Nachts erhellen Lichteffekte die moderne Konstruktion.

Bensersiel ist vor allem ein Badeort; die meisten Sehenswürdigkeiten sind im Ortsteil Esens versammelt. Mit einer Ausnahme: das Wattenhuus, ein Reetdachhaus mit einer Ausstellung über die Lebensräume des Wattenmeeres. Als Herzstück der interaktiven Schau stellt der Gezeiten-Simulator den Zyklus der Meeresbewegung nach. Anstatt der realen rund zwölf Stunden benötigen Ebbe und Flut hier gerade einmal zwölf Minuten.

Die Bärenlegende

Auch in Esens ist der Bär los, an vielen Orten sieht man Meister Petz als Denkmal oder in anderer Form. Eine mittelalterliche Legende hat den Bären ins Stadtwappen befördert – wie das passierte, erzählt ein Denkmal nahe der Kirche. Es zeigt das schwarze Tier mit einem Stein in der Tatze. Eine Schrifttafel erklärt, wie es dem Bären gelingen konnte, eine Horde von Stadtbelagerern in die Flucht zu schlagen. Über die Entwicklung der Küstenlandschaft und der Besiedlung des Harlingerlandes informiert das Museum Leben am Meer in der Peldemühle, betrieben vom Heimatverein Esens e. V. Zur Ausstellung gehören unter anderem ein historisches Fliesenzimmer und die Uhrmacherwerkstatt von Hansi Tick-Tack, der mit bürgerlichem Namen Johannes Janssen hieß und in Esens als Uhrmachermeister arbeitete. Seinen Nachlass vermachte er dem Heimatmuseum. In weiteren Räumen der Peldemühle ist die Kunstgalerie der Stadt Esens untergebracht.

Auch im Turm der St.-Magnus-Kirche befindet sich ein Museum. Um alle fünf Etagen komplett zu besichtigen, führt ein Rundgang 113 Stufen treppan. Die Ausstellung widmet sich der Geschichte der größten Kirche Ostfrieslands und ihrer Gemeinde. Im ersten Obergeschoss ist das Kirchturmuhrwerk aus dem Jahr 1873 zu sehen. Die zweite Etage gewährt einen Blick in das Innere der Kirchenorgel, gebaut 1860 von Arnold Rohlfs. Nach draußen weitet sich die Aussicht über die Dächer von Esens bis hin zur Küste.

Ein Brunnen im Takt der Tide

Am Marktplatz von Esens steht der Tidebrunnen. Er zeigt den Stand der Gezeiten am Strand von Bensersiel an. Möglich macht das eine Elektronik, die das Wasser im Brunnen immer auf der Höhe einstellt, die dem aktuellen Wert von Ebbe oder Flut entspricht. Die Metallplastik stellt ein gebrochenes Wrack dar, ein Spielball der Naturgewalten. Der Künstler Albert Sous aus Würselen bei Aachen gestaltete das Objekt. Zu den Sehenswürdigkeiten der Stadt zählen außerdem das Rathaus mit seinem prunkvollen Ahnensaal und das August-Gottschalk-Haus, ein jüdisches Gemeindehaus von 1899 mit Schulzimmer, Lehrerwohnung und Ritualbad.

BERNSTEINMUSEUM

Bernstein verbinden viele eher mit Ostseestränden, doch auch an der Nordsee taucht das fossile Harz auf. So galt die friesische Küste im Römischen Kaiserreich gar als Bernstein-Land. Mehr sieht und erfährt man im Bernstein-Huus in der Altstadt von Esens. Hier hat Bernstein-Experte Siegfried von Esmarch ein Museum zum Harz und den daraus gewonnenen Schmucksteinen eingerichtet. Die Besucher lernen alles über das Naturwunder Bernstein, seine Entstehungsgeschichte und die weltweiten Vorkommen. Auch Schmuckstücke, Insektensteine und andere wertvolle Dinge aus Bernstein werden präsentiert. Außerdem können Besucher selbst Steine bearbeiten und an Schleifkursen teilnehmen.

Info: Bernstein-Huus, Siegfried von Esmarch, Herdestr. 10, 26427 Esens, Tel. 04971/22 78

WEITERE INFORMATIONEN

Touristinformation Esens: Herdetor 38-40, 26427 Esens, Tel 04971/91 70, www.esens.de

Touristinformation im Strandportal: Am Strand 8, 26427 Bensersiel, Tel. 04971/91 70, www.bensersiel.de

Museum Leben am Meer: www.leben-am-meer.de

43 Stadt der regenerativen Energien – Aurich

Im Zeichen der Windkraft

Die schlanken, weißen Windräder mit den langen Rotorblättern gehören heute zur norddeutschen Landschaft wie die Deiche. Ein großer Teil davon kommt aus Aurich, der zweitgrößten Stadt Ostfrieslands. Hier hat der größte deutsche Hersteller von Windkraftanlagen seinen Stammsitz. Das Energie Erlebnis Zentrum EEZ veranschaulicht Gegenwart und Zukunft der umweltverträglichen Energiegewinnung.

Aurich gilt als Stadt der regenerativen Energien und bedeutender Wirtschaftsstandort mit dem zentralen Produktionswerk von Enercon, dem größten Unternehmen Ostfrieslands. Das färbt auch auf den Tourismus ab. Am Nordrand des Stadtgebiets lädt der futuristische Komplex des Energie Erlebnis Zentrums (EEZ) ein, sich intensiver mit dem Thema zu beschäftigen.

Energien als Erlebnis

Einige der Stationen der Ausstellung sind als Mitmach-Experimente gestaltet; beim Energie-Spiel kann jeder Punkte für seine persönliche Energiewende sammeln. Der Rundgang konfrontiert zunächst mit der Frage, was Energie eigentlich bedeutet. Dies erfahren Besucher, indem sie mit eigener Kraft eine Kugelbahn antreiben. Ein anderes Thema ist, wie es zu einem Stromausfall kommt und welche Auswirkungen er haben kann. Weitere Stationen beschäftigen sich mit der Sonne als zentraler Energiequelle der Erde, mit der Windenergie und dem Funktionsprinzip einer Windkraftanlage sowie der Wasserkraft.

Die Reise führt bis ins Innere der Erde und zeigt, was in diesem riesigen, natürlichen »Kraftwerk« passiert, welche Temperaturen dort herrschen und wie hoch die Schmelzpunkte unterschiedlicher Materialien liegen. Auch der Energieträger Biomasse wird beleuchtet. Ein Bereich der Ausstellung konzen-

Das Schloss von Aurich zählt zu den historischen Sehenswürdigkeiten (unten). Innovativ dagegen geht es im Energie Erlebnis Zentrum zu (rechte Seite oben).

triert sich auf klassische Energiekonzepte. Hier darf jeder am Rouletterad drehen, am »Spiel mit fossilen Energien« teilnehmen und feststellen, welche Prozesse in Gang gesetzt werden. Den Schlusspunkt setzt das Thema »Herausforderungen der Zukunft«. Die zentrale Botschaft ist dabei erschreckend simpel: Der Mensch hat es selbst in der Hand, wie er seine Zukunft gestaltet!
Im Innenhof des EEZ verdeutlichen Windkraftanlagen des ortsansässigen Herstellers den Fortschritt der technischen Entwicklung in den letzten Jahrzehnten. So steht einer großen, modernen E-115-Anlage das Maschinenhaus einer Windkraftanlage aus dem Jahr 1984 gegenüber. Hier im Außenbereich zeigen sich noch ganz andere Qualitäten des Windes: Er besitzt nicht nur Kraft, sondern kann auch klingen, etwas transportieren und bewegen. Vom Aussichtsturm des Energie Erlebnis Zentrum sind die Fertigungshallen des Windkraftanlagenherstellers zu sehen. Im Inneren des »Energieturms« können Besucher durch eine raumfüllende Projektion aus Bild und Ton die Kraft der erneuerbaren Energien spüren.

Das Schloss von Aurich

Weitere Facetten Aurichs mit seinen rund 41 000 Einwohnern offenbaren sich bei einem Bummel durch das Zentrum und die nähere Umgebung. Die Fußgängerzone in der Burgstraße führt vom Markplatz aus in den Schlossbezirk, so benannt nach dem im 19. Jahrhundert errichteten Schloss, in dem heute das Landgericht Aurich sowie der Niedersächsische Oberfinanzdienst residieren. Das prächtige Gebäude entstand im Königreich Hannover und ersetzte die Burganlagen der ostfriesischen Adels- und Häuptlingsfamilie Cirksena.
Weitere Sehenswürdigkeiten sind das Historische Museum Aurich und ein Mitmach-Museum für Kinder. Wechselnde Ausstellungen präsentiert der Kunstpavillon. Etwas Besonderes ist die Stiftsmühle, ein fünfstöckiger Galerieholländer. Die höchste Mühle Ostfrieslands beherbergt ein Mühlenfachmuseum.

UPSTALSBOOM – DIE FRIESISCHE FREIHEIT

Von besonderer historischer Bedeutung ist das Denkmal Upstalsboom in Rahe, rund drei Kilometer vom Stadtzentrum entfernt. Dazu fährt man in Richtung Oldersum und biegt im Auricher Ortsteil Rahe nach rechts in die Straße Am Upstalsboom ab. Eine Allee führt zu dem Platz. Die auf einem Hügel stehende steinerne Pyramide symbolisiert die Friesische Freiheit. Hier befand sich im Mittelalter die Versammlungsstätte der Abgesandten der friesischen Landesgemeinden, der sogenannten Sieben Seelande. Sie hatten sich zu einem Bund zusammengeschlossen, um Recht zu sprechen und die Einheit und Freiheit Frieslands zu wahren. Der Begriff *Upstal* bedeutet so viel wie eingezäuntes Flurstück. *Boom* steht für ein bearbeitetes Rundholz, das hier zum Anbinden des Viehs gedient haben könnte.

WEITERE INFORMATIONEN

Energie-, Bildungs- und Erlebnis-Zentrum Aurich (EEZ): Osterbusch 2, 26607 Aurich,Tel. 04941/698 46, www.eez.aurich.de
Verkehrsverein Aurich/Ostfriesland e. V.: Norderstr. 32, 26603 Aurich, Tel. 04941/44 64, www.aurich-tourismus.de

Der Backstein ist auch in der Fußgängerzone allgegenwärtig, zu der obendrein die »Hands of Fame« gehören (oben). Auch mit der Luftfahrtgeschichte ist Wittmund eng verbunden (rechte Seite unten).

44 Stadt aus rotem Klinker – Wittmund

Prominente Handabdrücke und andere Besonderheiten

Der Backstein prägte die Kreisstadt im Nordwesten Ostfrieslands, deren Name sich möglicherweise auf die »weite Mündung« der Harle bezieht. Bekannte Persönlichkeiten aus Politik, Musik, Sport und Show hinterließen in der Innenstadt von Wittmund bleibende Eindrücke. Beim Ostfriesen-Abitur können Besucher sich in Disziplinen wie Melken und Krabbenpulen beweisen.

Wittmund nimmt als Kreisstadt des gleichnamigen Landkreises eine Fläche von mehr als 210 Quadratkilometern ein – das ist Rekord in der Region. Mit gut 20 000 Einwohnern wirkt die fünftgrößte Stadt Ostfrieslands nach Emden, Aurich, Leer und Norden beschaulich. Im historischen Zentrum stehen die oft prächtigen Gebäude aus dem Barock und den anderen Stilepochen Giebel an Giebel.

Vorzeigebauten der Altstadt

Die St.-Nicolai-Kirche wurde ab 1775 errichtet. Als eines der schönsten Gebäude in der Altstadt gilt das von 1899 bis 1901 erbaute Kreishaus mit seinem imposanten Schieferdach und den schmucken Dacherkern. Auch das barocke Groot Hus in der Mühlenstraße zählt zu den Vorzeigebauten Wittmunds. Obendrein sind hier gleich zwei Galerieholländermühlen zu finden. Außer der Siuts-Mühle steht bereits seit 1741 die Peldemühle, Deutschlands ältester Galerieholländer und nicht zu verwechseln mit der Peldemühle in Esens. Gewöhnlich heißt sie Besucher willkommen und ist nur derzeit wegen Sanierungsarbeiten geschlossen.

Nahe dem Marktplatz öffnet sich das Grün des Schlossparks mit seiner Wallanlage und dem Schlossgraben. Es handelt sich dabei um den einzigen noch nahezu komplett erhaltenen Festungswall Ostfrieslands. Das Wittmunder Schloss selbst ist nicht mehr vorhanden; Friedrich der Große gab es im Jahr 1764 zum Abbruch frei. Eine Schautafel informiert über die historischen Ereignisse. Zum Schlosspark gehört auch eine Veranstaltungsbühne, auf der verschiedene Kulturevents stattfinden.

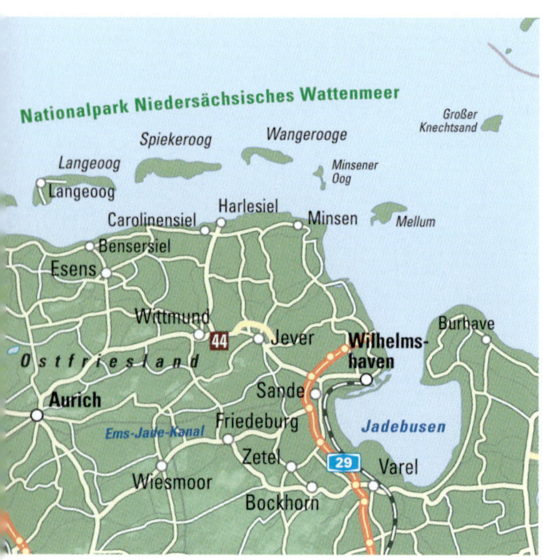

Kunstmeile und »Hands of Fame«

Im Stadtgebiet verteilen sich elf Kunstwerke, darunter naturgetreue Bronzeplastiken genauso wie abstrakte Skulpturen. Sie verbinden sich zu einer Kunstmeile, die der Kulturring Wittmund e. V. initiiert hat. Die Kunstwerke entstanden im Zeitraum 1990 bis 2004, unterstützt von Bürgern, Gewerbebetrieben, Weiterbildungseinrichtungen und Sponsoren.
Nördlich der Stadt liegt das Warfendorf Funnix im Harlingerland. Hier ist gegenüber der mittelalterlichen Backsteinkirche St. Florian aus dem frühen 14. Jahrhundert der Skulpturengarten des Stahlplastikers Leo Wübbena angelegt. Die Ausstellung zeigt jeweils während der Sommersaison Stahlplastiken von Wübbena sowie Werke anderer Künstler.
Überdies besitzt Wittmund eine Flaniermeile, die an den Walk of Fame von Hollywood erinnert. Tonplatten in der Fußgängerzone zeigen die Handabdrücke und Unterschriften bekannter Persönlichkeiten, darunter der Komiker Otto Waalkes, die Schlagersängerin Andrea Berg, die Schauspielerin Heidi Kabel und Fußball-Ikone Uwe Seeler. Die Hands of Fame beginnen am Bundespräsidentenplatz in der Kirchstraße. Auf dem Platz hinterließ eine Reihe ehemaliger Bundespräsidenten bleibenden Eindruck, von Walter Scheel bis Christian Wulff. Rund 60 berühmte Hände hat Wittmund schon gesammelt, weitere sollen hinzukommen. Bei Neuzugängen gibt es eine feierliche Einweihung, zu der auch die Prominenz geladen wird.

Robert von Zeppelin- und Fliegermuseum

Seit Sommer 2015 bereichert eine weitere Attraktion die Innenstadt von Wittmund. Das Robert von Zeppelin- und Fliegermuseum beschäftigt sich mit der Geschichte der Luftfahrt. Benannt ist es nach dem Großneffen des Luftschiff-Erfinders. Robert von Zeppelin lebt heute im US-Bundesstaat Georgia und betreibt dort ein Museum für Luftfahrt und Militärhistorie. Dem Wittmunder Museum überließ er einige Stücke aus seiner Sammlung. Zur Eröffnungsfeier im Juni 2015 erschien er höchstpersönlich. Die Geschichte der Stadt ist eng mit der Fliegerei verbunden. In ihrer Nähe befindet sich der 1916 gegründete Fliegerhorst Wittmundhafen, der gerade sein 100-jähriges Bestehen feiern konnte.

DAS OSTFRIESEN-ABITUR

Bereits seit 1978 können Stadtbesucher und auch Einheimische in Wittmund eine besondere Reifeprüfung ablegen. Beim »Original Ostfriesen-Abitur« geht es um die regionalen Sitten und Gebräuche. Arroganz ist nicht angebracht, die »Fächer« haben es in sich. Geprüft werden beispielsweise Padstockspringen, Plattdeutsch, Straßenboßeln, Bessensmieten (Strauchbesenwerfen), Krabbenpulen und das Melken der Kuh Elsa, eines Holzmodells mit Gummieuter. Auch erfährt man, dass eine *Bohnensopp* etwas anderes ist als ein Eintopf. Kinder können im kürzeren »Lüttje Ostfreesen-Abitur« glänzen.
Info: www.wittmund-tourismus.de

WEITERE INFORMATIONEN

Touristinformation Wittmund:
Am Markt 15,
26409 Wittmund,
Tel. 04462/98 31 50,
www.wittmund.de
Robert von Zeppelin- und Fliegermuseum:
Drostenstr. 13, 26409 Wittmund,
www.wittmund-tourismus.de

45 Herbes und Royales – Jever

Brauhaus nahe der Adelsresidenz

Allein schon die Tatsache, dass ein bekanntes friesisches Bier in dieser Stadt produziert wird, zieht viele Besucher an, denn die moderne Brauerei ist zu besichtigen. Doch daneben hat Jever auch kulturell einiges zu bieten: das Schloss als bekanntes Wahrzeichen und besondere Schätze wie die Friesische Blaudruckerei.

Der glänzende Bau des Friesischen Brauhauses mit dem Brauereimuseum setzt einen modernen Kontrast zur Tradition des Brauerhandwerks in der Stadt Jever. Bei einem geführten Rundgang erfahren interessierte Besucher, wie vor rund 100 Jahren Bier gebraut wurde. Auch werden Einblicke in die heutigen Produktionsstätten gewährt. Verbinden lässt sich der Besuch mit einer Kneipenführung durch das Zentrum der Kreisstadt, die rund 14 000 Einwohner zählt.

Friesischer Zwiebelturm

Kulturelles Highlight bildet das Schloss Jever mit seinem markanten Zwiebelturm. Seine Ursprünge liegen in einer mittelalterlichen Wehranlage aus dem 14. Jahrhundert. Sie wurde unter der späteren Herrscherin Maria von Jever im 16. Jahrhundert maßgeblich ausgebaut. Die Adlige gehörte dem Häuptlingsgeschlecht der Wiemkens an. Nach ihrem Tod übernahmen die Grafen von Oldenburg das Regiment über das Jeverland und brachten ihr Wappen am Schlossturm an. Dessen barocke Zwiebelhaube wurde durch die Fürsten von Anhalt-Zerbst aufgestockt. Sie folgten ab 1667 auf die Oldenburger Linie. Die Machtwechsel hinterließen am Schloss deutliche Spuren durch bauliche Veränderungen im Grundriss.
Seit 1921 befindet sich ein Museum im Schloss. Seine Dauerausstellung umfasst die restaurierten historischen Räume, insbesondere den Gobelinsaal und die Fürstliche Galerie. Das Museum zeigt die Geschichte der

Schmucke Fassaden säumen den Alten Markt der Stadt Jever (unten). In grüne Parkanlagen bettet sich das Schloss mit dem markanten Turm (rechte Seite).

Herrschaft Jever mit Zeugnissen höfischer und kleinstädtisch-ländlicher Wohnkultur. In weiteren Räumen warten Fayencen, Zinn und Silber aus hiesigen Manufakturen. Zu bewundern sind außerdem eine wohl einmalige Münzsammlung sowie Kleidung und Mode aus drei Jahrhunderten. Das kulturhistorische Museum erfuhr durch zahlreiche Sanierungs- und Renovierungsmaßnahmen im Schloss eine klare Aufwertung.
Neben Brauereimuseum und Schlossmuseum kann Jever einige museale Kleinode vorweisen. Dazu gehören das landwirtschaftliche Museum in der Schlachtmühle, das Feuerwehrmuseum sowie das Bismarck-Getreuenmuseum, das mit 400 Exponaten und einer großen Bibliothek an den eisernen Kanzler erinnert. Mit diesen jüngeren Erweiterungen des kulturellen Angebots möchte sich Jever seinen Gästen als Stadt der Kunst und Geschichte präsentieren. Dazu trägt sicherlich auch die Friesische Blaudruckerei bei, der Schauplatz einer handwerklichen Tradition, wie man sie heute nur noch selten finden kann (siehe Autorentipp).

Sportlich unterwegs bei der Tour de Fries
Die Stadt Jever liegt an einem lohnenswerten Radwanderweg, der viele geschichtsträchtige Orte und friesische Landschaften verbindet: Die Tour de Fries führt rund um den Landkreis Friesland und bezieht auch einen Teil des Landkreises Wittmund sowie die Stadt Wilhelmshaven mit ein. Sie wurde vom Allgemeinen Deutschen Fahrrad-Club (ADFC) als Qualitätsradroute mit vier von fünf möglichen Sternen ausgezeichnet. Dabei fielen Breite, Oberflächenqualität und Wegweisung mit einer überdurchschnittlich guten Bewertung ins Gewicht.
Die insgesamt 293 Kilometer lange Rundtour verläuft größtenteils auf autofreien Wirtschafts- und Radwegen. Sie beginnt ganz im Westen an der Nordseeküste, geleitet durch die Landschaften der Geest, Marschen und Moore bis zu den Städten Wittmund und Varel. Anschließend geht es am Deich des Jadebusens zurück nach Wilhelmshaven. Weitere sehenswerte Ortschaften an der Strecke sind unter anderem Carolinensiel, Horumersiel und Hooksiel.

FRIESISCHE BLAUDRUCKEREI

In Jever betreibt Georg Stark seit 1985 ein altes friesisches Handwerk: Die Friesische Blaudruckerei fertigt die traditionellen Stoffe mit weißen Mustern auf indigoblauem Grund. Besucher können Georg Stark in der lebendigen Werkstatt bei der Arbeit zusehen und sich erklären lassen, wie Tischwäsche, Tücher oder Meterware im Handdruck entstehen. Das Verfahren gab es vor 200 Jahren noch in ganz Europa. Die Blaudruckerei verwahrt auch Relikte aus früheren Zeiten: Muster, Stoffe und Rezepte der ehemaligen Blaudruckereien aus Ostfriesland, dem Oldenburger Land, Norddeutschland sowie aus anderen Ländern wie den Niederlanden, der Schweiz oder Ungarn.
Info: www.blaudruckerei.de

WEITERE INFORMATIONEN

www.stadt-jever.de
Friesland Touristik:
www.friesland-touristik.de

Hier liegen das Fahrgastschiff *Jens Albrecht* und ein Fischerboot im Hafen (oben). Im Wangerland sind außer Sandstränden auch grüne Strände zu finden (rechte Seite unten).

46 Strandleben und Sielorte – das Wangerland

Von Schillig bis Hohenkirchen

Die Ferienregion im Nordosten des Landkreises Friesland profitiert von ihrer Lage an Nordseeküste und Jadebusen. Außer belebten Stränden und sehenswerten Sielorten bietet sie aufgeschlossenen Besuchern auch im Hinterland einige Attraktionen, wie etwa die ehemalige Mutterkirche des Wangerlandes.

Im Norden des Wangerlands ist das Nordseeheilbad Schillig mit seinem langen Sandstrand ein Urlaubermagnet. Es liegt direkt vor der Insel Wangerooge. Östlich weitet sich die Mündung der Jadebucht, sodass sich eine freie Sicht auf die Schifffahrt mit den Containerriesen bietet, die den JadeWeserPort in Wilhelmshaven anlaufen. Der Strand lässt keine Wünsche offen – vom Strandkorb über Wassersportmöglichkeiten bis hin zur Hundezone ist alles dabei.

Einsame Inseln und beliebte Strände

In Richtung Norden sind bei Wangerooge noch zwei weitere Ostfriesische Inseln zu sehen. Sie sind nicht bewohnt und zählen daher im touristischen Sinne nicht zur Inselkette, auch wenn zumindest eine in Urlaubsaktivitäten eingebunden werden kann. Das Inselchen Mellum liegt gleich neben Wangerooge und ist nur mit Sondergenehmigung zugänglich, beispielsweise zu wissenschaftlichen Zwecken. Weiter südöstlich lässt sich Minsener Oog erkennen. Die Insel gilt als eines der bedeutendsten Terrains für das Institut für Vogelforschung. Sie ist das Ziel von Wattwanderungen ab Schillig und darf wenigstens teilweise betreten werden.

In Richtung Süden, also der Straße nach Wilhelmshaven folgend, reihen sich weitere Badeorte aneinander, geprägt von den Sielen (siehe Kapitel 39). Als Ortsteil von Schillig liegt das nahe Nordseeheilbad Horumersiel an der Ostküste des Jadebusens. Hier gibt es einen grünen Strand; für Kurzweil bei jedem Wetter sorgen die Friesland Therme und einige Attraktionen für Kinder. Dazu zählen Spielplätze und Spielhäuser für jedes Wetter.

Horumersiel wurde Mitte des 16. Jahrhunderts bereits als Sielort mit Küstenhafen gegründet. Hier landeten Schiffe an, deren Waren das Hinterland versorgten. Um eine eigene Fischereiflotte zu etablieren, war indes das Absatzgebiet zu klein, zumal die beiden Nachbarhäfen Carolinensiel und Hooksiel bereits Fischereirechte besaßen. So konnte sich der Sielhafen nur bis ins 18. Jahrhundert behaupten.
Die nächste Ortschaft Hooksiel blickt auf eine rund 700-jährige Geschichte zurück, die bis heute spürbar ist bei einem Bummel durch den alten Hafen mit seinen Speicherhäusern. Nahe dem Hafen befindet sich das Künstlerhaus Hooksiel. Es ist ein Treffpunkt der Kunstszene im Weser-Ems-Gebiet, versteht sich als Stätte der Begegnung und des kreativen Schaffens. Regelmäßig finden Veranstaltungen und Ausstellungen zur Gegenwartskunst bei freiem Eintritt statt.

Muschelsammlung und Mutterkirche

Um die unglaubliche Vielfalt der Weichtiere geht es im Nachbargebäude, dem ehemaligen Rathaus von Hooksiel: Das Muschelmuseum Hooksiel zeigt nach eigenen Angaben die größten und die kleinsten Muscheln und Schnecken aus aller Welt. Georg Hempfling begründete die Sammlung und überantwortete sie der Gemeinde Wangerland. Weitere Räume stellen Exponate zu den Themenbereichen Nordsee und Alt-Hooksiel aus. Das Dach des Hauses ziert der Nachbau eines jahrhundertealten Zwiebelturms mit vergoldeter Wetterfahne und Luther-Schwan.
Zu Hooksiel gehört auch das Hooksmeer, ein Freizeitsee, den der Flusslauf des Hooksieler Binnentiefs speist. Eine Schleuse trennt ihn vom Wattenmeer, sodass der Wasserstand hier nicht den Gezeiten unterliegt. Auf dem See sind daher jederzeit Wasserski, Segeln, Surfen und Tretbootfahren möglich, sofern das Wetter mitspielt.
In Hohenkirchen, der auch räumlich zentralen Ortschaft des Wangerlands, steht die kulturell bedeutsame St.-Sixtus-und-Sinicius-Kirche. Die ehemalige Mutterkirche des Wangerlands, auch »Gaukirche« genannt, fußt auf zwei Warften. Ihre Ursprünge lassen sich urkundlich bis 1143 zurückverfolgen. Im Altarraum beeindrucken der Ludwig-Münstermann-Altar (ab 1620), eine Joachim-Kayser-Orgel aus dem späten 17. Jahrhundert und ein Taufstein aus dem Jahr 1260.

TEESEMINARE IN HORUMERSIEL

Im Restaurant Leuchtfeuer in Horumersiel führt Ute Karola Krause ihre Gäste in die Teekultur ein. Bei einer original friesischen *Teetied* erfahren sie viel über Hintergründe und Zeremoniell und können besondere Stücke bewundern: Die Tee-Expertin besaß ein Teesiebmuseum im Sillensteder Dorfkrug. Nachdem das Gebäude einem Brand zum Opfer gefallen war, musste sie schließen. Noch immer sucht Ute Karola Krause nach neuen Räumlichkeiten. Unterdessen ist ein kleiner Teil der inzwischen rund 3000 Exponate umfassenden Ausstellung in einer Vitrine des Restaurants Leuchtfeuer ausgestellt.
Info: Termine für die Teeseminare auf www.wangerland.de; www.leuchtfeuer-horumersiel.de

WEITERE INFORMATIONEN

Wangerland Touristik:
Zum Hafen 3, 26434 Wangerland,
Tel. 04426/98 70,
www.wangerland.de,
www.horumersiel.de

47 Marine und Ozeanriesen – Wilhelmshaven

Eine Stadt, die der See verbunden ist

Die 75 000-Einwohner-Stadt am Jadebusen ist besonders von der Marinegeschichte geprägt und noch heute der größte Bundeswehrstandort Deutschlands. Diese Tatsache spiegelt sich auch in touristischen Einrichtungen wider. Hinzu kommen maritime Sehenswürdigkeiten am Südstrand. Mit dem JadeWeserPort hat Wilhelmshaven den bislang einzigen deutschen Tiefwasserhafen.

An den Gründer der Stadt erinnert die drehbare Kaiser-Wilhelm-Brücke auf der Binnenseite des Hafens: König Wilhelm I. von Preußen weihte den Marinestützpunkt im Jahr 1869 ein, zwei Jahre, bevor er erster deutscher Kaiser wurde. Entscheidend bei der Wahl des Standorts war die strategisch günstige Lage an der nordwestlichen Küste des Jadebusens. Die aus dem Jahr 1905 stammende Drehbrücke gilt als das Wahrzeichen von Wilhelmshaven.

Von Fregatten, Piraten und Pottwalen

Noch heute ist Wilhelmshaven der größte Marine- und Bundeswehrstandort in Deutschland. Fregatten und Versorgungsschiffe liegen im Hafen. Das Deutsche Marinemuseum informiert über die Entwicklung des Stützpunkts und seine geschichtlichen Hintergründe. Im zugehörigen Museumshafen sind unter anderem ein Unterseeboot, ein ehemaliger Zerstörer und ein Minenjagdboot zu besichtigen. Doch die Stadt und ihre Verbundenheit mit der See hat inzwischen viele weitere maritime Sehenswürdigkeiten hervorgebracht. Sie liegen am Südstrand und der gleichnamigen Straße dicht beieinander.

Im Küstenmuseum geht es um Themen wie Sturmfluten, Deicharbeiter, Piraten, Schiffsarten, das ostfriesische Häuptlingswesen und die Kaiserzeit.

Das Aquarium Wilhelmshaven mit dem Urzeitmuseum entführt dagegen in die verschiede-

Die zweiflügelige Drehbrücke ist ein Technisches Denkmal. Im Hintergrund: das Deutsche Marinemuseum (unten). Blick über die Hafenanlagen von Wilhelmshaven (rechte Seite oben). Ein stiller Frühlingsausflug auf dem Nordgeorgsfehnkanal bei Wiesmoor (rechte Seite unten)

nen Wasserwelten des Planeten Erde. Die insgesamt 600 000 Liter fassenden Schauaquarien zeigen rund 300 Tierarten aus diversen Meeren, darunter Seehunde, Pinguine, Haie und Fische der Antarktis.
Meerestiere sind auch ein Thema im Besucherzentrum des UNESCO-Weltnaturerbes Wattenmeer, zu dem eine Wal-Schau gehört. Ihr spektakulärstes Objekt stellt das 14 Meter lange Skelett eines Pottwals dar, der einst vor der Insel Baltrum strandete. Doch auch alle anderen Bereiche beeindrucken die Betrachter: Sie berichten von einem der weltgrößten Feuchtgebiete und einer der letzten ursprünglichen Naturlandschaften Mitteleuropas, in der Millionen von Tieren leben.

Der JadeWeserPort-Cup

Der von einer Promenade begleitete Südstrand empfängt auch Badegäste. Grüne Liegeflächen wechseln mit sandigen Bereichen ab, auch Strandkörbe stehen zur Verfügung. Über die Kaiser-Wilhelm-Brücke geht es auf die Binnenseite des Hafens, wo am Bontekai die Shoppingmeile der Nordseepassage zum Bummeln einlädt.

Mit dem JadeWeserPort nördlich der Innenstadt hat sich Wilhelmshaven an eines der größten Investitionsvorhaben Norddeutschlands gewagt. Der bisher einzige deutsche Tiefwasserhafen wurde im September 2012 in Betrieb genommen. Seine Wassertiefe von 18 Metern erlaubt auch die Abfertigung der größten Containerschiffe. Einblicke gewährt ein interaktives Besucherzentrum, das über Hafenbau, maritime Wirtschaft und die Containerschifffahrt informiert.
Bereits seit dem Jahr 2002 veranstaltet Wilhelmshaven den JadeWeserPort-Cup. Alljährlich im Herbst zieht die Traditionssegler-Regatta zahlreiche Besucher an, die das Ereignis auf der Jade verfolgen. Bei der Regatta am Samstag passieren die Großsegler den JadeWeserPort. Einen weiteren Höhepunkt bildet die Einlaufparade der Segelschiffe am Nachmittag – besonders für die an Land gebliebenen Segelfreunde, die das Spektakel hautnah verfolgen können. An allen Veranstaltungstagen gibt es ein Rahmenprogramm mit Straßenkünstlern, Hafenrundfahrten und Bühnenaufführungen. Am Sonntag können alle Schiffe kostenfrei besichtigt werden.

FLOWER-POWER IN WIESMOOR

Einen Kontrast zu Marine und Meer bildet die Ortschaft Wiesmoor rund 35 Kilometer südwestlich von Wilhelmshaven. Hier steht jährlich Anfang September ein großes Blütenfest auf dem Veranstaltungskalender. Höhepunkt ist der Blumenkorso aus Millionen Blüten. Dabei ziehen Blütenmotivwagen und Spielmannszüge durch den Ort. Zum Programm gehören außerdem Aktionen wie ein Kinderzug, Blumenmosaike im Ort, öffentliches Blütenstecken und Veranstaltungen auf der Freilichtbühne. Auch eine Blütenkönigin wird gewählt. Das Blütenfest hat eine lange Tradition. Die erste Veranstaltung gab es 1952, als eine Million Dahlienblüten Wiesmoor in ein Blütenmeer verwandelten.
Info: www.bluetenfest-wiesmoor.de

WEITERE INFORMATIONEN

Friesland-Touristik Gemeinschaft:
Nordseepassage, Bahnhofstr. 10, 26382 Wilhelmshaven, Tel. 04421/913 00 00, www.friesland-touristik.de, www.wilhelmshaven-touristik.de, www.marinemuseum.de, www.jadeweserport-cup.de

Am Alten Hafen lässt es sich bei schönem Frühlings- und Sommerwetter gut aushalten.

48 Alte Liebe rostet nicht – Cuxhaven

Insel Neuwerk und Küstenstrände

Der Badeort an der Elbmündung ist vor allem für zwei Dinge bekannt: für seinen historischen Schiffsanleger aus dem 18. Jahrhundert und für die vorgelagerte Insel Neuwerk, zu der man bei Ebbe sogar zu Fuß gelangt.

Die *Alte Liebe* ist so etwas wie ein Wahrzeichen von Cuxhaven: Den zweistöckigen Schiffsanleger und Wellenbrecher mit seinen weißen Geländern gibt es bereits seit 1733. Heute dient er auch als Aussichtsplattform, denn hier ziehen die großen Pötte aus aller Welt vorbei, um über die Elbe den Hamburger Hafen anzusteuern oder ihn wieder zu verlassen. Ein Schiffsansagedienst informiert über die Größe und Herkunft der Ozeanriesen. Von der *Alten Liebe* legen auch Fähren zu den Inseln Neuwerk und Helgoland ab; Ausflugsschiffe starten zu den Seehundbänken.

Ausflug zur Insel Neuwerk

Einen wichtigen Grund, nach Cuxhaven zu reisen, liefert für viele Besucher der Abstecher zur Insel Neuwerk. Möglich ist dies bei Ebbe sogar im Rahmen einer Wattwanderung. Aus Sicherheitsgründen gilt dabei wie immer: Bitte nur mit erfahrenen Wattführern gehen. Entsprechende Touren werden vor Ort angeboten. Die Streckenlänge variiert je nach Startpunkt, ab Sahlenburg sind es rund zehn Kilometer und ab Duhnen zwölf Kilometer. Regelmäßig starten Wattwagen, also Pferdekutschen, in Richtung Insel. Verbinden lässt sich der Ausflug mit der Hin- oder Rückfahrt auf der *Fähre Flipper*, die gezeitenbedingt jedoch oft nur einmal täglich ablegt.

In Cuxhaven selbst laden verschiedene Strände in fünf Ortsteilen zum Baden ein, ausgestattet mit Strandkorbverleih und teils abgegrenzten und beaufsichtigen Badebereichen, den sogenannten Bojenbädern. Am Sandstrand von Duhnen warten eine Kurpromenade und ein Thalasso-Zentrum auf Erholungssuchende.

INFO: CUX-Tourismus, Cuxhavener Str. 92, 27476 Cuxhaven, Tel. 04721/40 42 00, www.tourismus.cuxhaven.de

Beim prächtigen Bremer Rathaus am Marktplatz lockt zur blauen Stunde auch der Ratskeller mit seiner exzellenten Weinkarte.

49 Die Heimat der Stadtmusikanten – Bremen

Hansestadt mit vielen Facetten

Unwillkürlich denkt wohl jeder beim Namen Bremen an die berühmten Figuren aus dem Märchen der Gebrüder Grimm. Doch die ehrwürdige Hansestadt hat noch weitaus mehr zu bieten – unter anderem auch als Metropole der Luft- und Raumfahrt.

Wer zunächst Bekanntschaft mit den Märchenfiguren machen möchte, begibt sich zum Rathaus. Dort stehen an der Westseite, natürlich übereinander und erstaunlich klein, Esel, Hund, Katze und Hahn als Bronzeplastik des Künstlers Gerhard Marcks. Sehenswert ist auch das gotische, im Stil der Weserrenaissance ausgebaute Rathaus selbst, das zusammen mit der Roland-Statue seit 2004 zum UNESCO-Weltkulturerbe gehört. Der Bremer Roland, ein Symbol für Recht und Freiheit, wurde exakt 600 Jahre vorher auf dem Marktplatz aufgestellt.

Raumfahrt als Erlebnis

Kulturhungrige können in der Hansestadt, die mehr als eine halbe Million Einwohner zählt, aus einem breiten Angebot wählen. Da wäre etwa das Universum Bremen, das Wissenschaft als Abenteuer aufbereitet, oder ganz klassisch die Kunsthalle Bremen mit Meisterwerken aus 600 Jahren Kunstgeschichte. Auch das Übersee-Museum Bremen, das auf Südseeinseln, nach Übersee und Asien entführt, lohnt den Ausflug nicht nur bei Regenwetter.
Obendrein genießt Bremen als Raumfahrtstandort einen guten Ruf. So hat Airbus Defence & Space den europäischen Anteil zur Internationalen Raumstation ISS beigetragen. Das Besucherzentrum demonstriert unter anderem, wie die Astronauten mit den Wissenschaftlern auf der Erde kommunizieren. Als weltweit einmalige Forschungseinrichtung gilt der 146 Meter hohe Fallturm an der Bremer Universität. In seiner 110 Meter langen Röhre finden Experimente zur Schwerelosigkeit statt. Und für den Abend hat man die Qual der Wahl aus einem breiten Theater-, Konzert- und Kabarettangebot.

INFO: www.bremen-tourismus.de

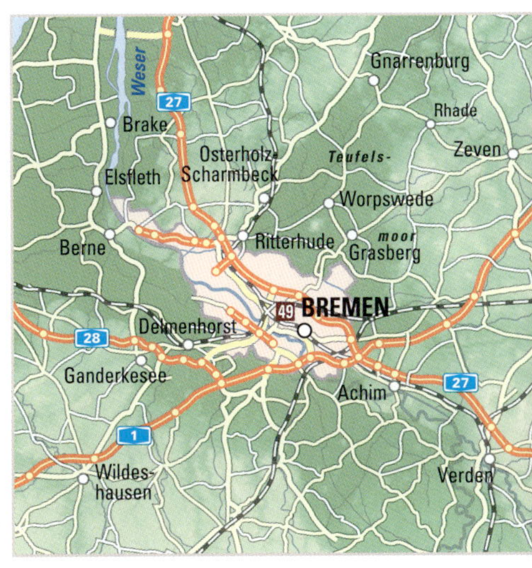

50 Eintauchen in »Havenwelten« – Bremerhaven

Maritimes Sightseeing

In Bremens Schwesterstadt dreht sich vieles um das Meer und den Hafen. Es ist eine ganze Hafenwelt entstanden – vielmehr sind es die »Havenwelten«, denn so wie die Stadt schreibt sich das Wort mit »v«, abgeleitet von *Havene*, dem plattdeutschen Begriff für Hafen. Zum Angebot für Besucher gehört auch eine ganz besondere Einrichtung dazu: das Klimahaus.

Bremerhaven zeichnen gleich mehrere Dinge aus: Mit rund 110 000 Einwohnern ist sie die einzige Großstadt an der deutschen Nordseeküste. Und, obwohl sie 53 Kilometer nördlich von Bremen liegt, bilden beide zusammen das Land Freie Hansestadt Bremen, den bundesweit einzigen Zwei-Städte-Staat.

Lebendige Seefahrtsgeschichte

In Bremerhaven ist ein maritimes Tourismuszentrum gewachsen, die Havenwelten, die zahlreiche Sehenswürdigkeiten zum Thema vereinen. Da wäre zunächst das Deutsche Schiffahrtsmuseum, das auf das dritte »f« im Namen verzichtet. Es bildet die Geschichte der deutschen Schifffahrt in friedlichen wie in kriegerischen Zeiten ab. In der Dauerausstellung beeindruckt unter anderem eine aufwendig restaurierte Hansekogge aus dem Jahr 1380, die im Schlamm der Weser steckte. Dazu gesellen sich noch weitere Boote sowie Schiffsmodelle und Navigationsinstrumente, Waffen, Gemälde, Gerätschaften und viele andere Originalstücke.

Weitere Stationen in den Havenwelten sind das überaus spannende und bewegende Deutsche Auswandererhaus, ein Zoo am Meer, das U-Boot *Wilhelm Bauer* und das Historische Museum Bremerhaven mit dem Museumsschiff *FMS Gera*. Letzteres ist ein Fischereimotorschiff und somit das wohl einzige schwimmende Hochseefischerei-Museum in Deutschland. Mit

Alte Segelschiffe zieren den Hafen (unten). Genauso legen moderne Containerriesen an (rechte Seite oben). Die Havenwelten in der Dämmerung – mit Mediterraneum, Klimahaus 8° Ost und Atlantic Hotel Sail City (rechte Seite unten)

der Ausstellung »Expedition Nordmeere – Fischereiwelten Bremerhaven« haben die Havenwelten im Jahr 2016 Zuwachs bekommen.

Auf Weltreise im Klimahaus

Einen ganz anderen Schwerpunkt setzt das Klimahaus, das eine Klimareise um die Welt antritt. Dabei geht es durch verschiedene Landschaften mit ihren Extremen, etwa die Wüste in der Sahelzone, das Packeis der Antarktis und das Südsee-Paradies Samoa. Insgesamt betrachtet das Ausstellungskonzept neun Reiseziele, verteilt auf fünf Kontinente. Wie bei einer Expedition werden die Besucher entlang des achten östlichen Längengrads einmal um den Globus geleitet. Sie erleben dabei die aufwendig gestalteten Landschaften mit allen Sinnen, mit ihren Gerüchen, Geräuschen und den jeweiligen klimatischen Bedingungen. In kurzen Dokumentarfilmen erklären dabei Menschen aus den jeweiligen Regionen, wie das Klima den Alltag ihrer Heimat prägt.
Natürlich ist auch der Klimawandel ein Thema, und zwar im Ausstellungsbereich Perspektiven. Dort dreht sich alles um aktuelle Fragen zum Zustand der Erde und zu den klimatischen Veränderungen in der Vergangenheit, Gegenwart und Zukunft. Es wird dazu angeregt, über Lösungen nachzudenken: Im Ausstellungsbereich Chancen geht es darum, was jeder Einzelne konkret zum Klimaschutz beitragen kann. Besucher sind eingeladen, in Themenkammern spielerisch zu testen, wie es um die eigene CO_2-Bilanz steht. Sie bekommen Tipps an die Hand, die sich leicht im Alltag umsetzen lassen. Zum Klimahaus gehört auch ein Offshore Center, das zeigt, wie Windkraftanlagen auf hoher See geplant, gebaut und betrieben werden. Das Klimahaus gehört seit 2009 zu den Bremerhavener Havenwelten. Zur Eröffnungsfeier kam auch der engagierte Musiker Bob Geldof. Er bezeichnete das Klimahaus in seiner Rede als einen »Liebesbrief an unseren Planeten«.

An der Weserpromenade

Aber die Havenwelten laden auch einfach zum Bummeln und Relaxen ein mit ihrer Weserpromenade, dem Weserstrandbad und der südländisch gestalteten Shoppingmeile Mediterraneo. Dabei gibt es noch einiges zu entdecken, etwa den Großen Leuchtturm aus dem Jahr 1854, die Seebäderkaje, den Schlepperpier und einen Radarturm mit Aussichtsplattform. Der Yachthafen Lloyd Marina gibt viel Anschauungsmaterial, um Boote zu bewundern, während der Museumshafen von 1830 oder der Neue Hafen von 1852 mit Speicher, Drehbrücke und alter Schleuse eine Brücke in die Vergangenheit schlagen.

PHÄNOMENTA SCIENCE CENTER

Rund zwei Kilometer südlich der Havenwelten befindet sich das Phänomenta Science Center. Hier werden Naturwissenschaften zum Erlebnis an mehr als 80 Experimentierstationen, die schon den jüngsten Gästen genauso gefallen wie allen älteren Besuchern.
Info: www.phaenomenta-bremerhaven.de, www.bremen-tourismus.de

WEITERE INFORMATIONEN

Bremerhaven Touristik & Touristinfo: H.-H.-Meier-Str. 6, 27568 Bremerhaven, Tel. 0471/41 41 41, www.erlebnis-bremerhaven.de, www.havenwelten.de, www.das-mediterraneo.com
Klimahaus® Bremerhaven 8° Ost: Am Längengrad 8, 27568 Bremerhaven, Tel. 0471/90 20 300, www.klimahaus-bremerhaven.de

So einsam ist es selten an diesem Ort: die Pfahlbauten von St. Peter-Ording am verlassenen Strand im Abendsonnenschein.

1062

Register

(v.l.n.r.). Kaffeepause auf Sylt; Sanddünen auf Juist; Surfer bei St. Peter Ording; Strandkorbverleih auf Juist; schmuckes Reetdachhaus in der Braderuper Heide auf Sylt; am Deich von Dagebühl.

Am Roten Kliff auf Sylt

Impressum

Verantwortlich: Dr. Birgit Kneip
Lektorat: Britta Mentzel
Korrektorat: Anke Höhne
Layout: graphitecture book & edition
Kartografie: Huber-Kartographie, Heike Block
Repro: Repro Ludwig
Umschlaggestaltung: Frank Duffek
Herstellung: Bettina Schippel
Printed in Italy by Printer Trento

★★★★★

Sind Sie mit diesem Titel zufrieden? Dann würden wir uns über Ihre Weiterempfehlung freuen.

Erzählen Sie es im Freundeskreis, berichten Sie Ihrem Buchhändler, oder bewerten Sie bei Onlinekauf.

Und wenn Sie Kritik, Korrekturen Aktualisierungen haben, freuen wir uns über Ihre Nachricht an Bruckmann Verlag, Postfach 40 02 09, D-80702 München oder per E-Mail an lektorat@verlagshaus.de.

Unser komplettes Programm finden Sie unter

www.bruckmann.de

Alle Angaben dieses Werkes wurden von den Autoren sorgfältig recherchiert und auf den aktuellen Stand gebracht sowie vom Verlag geprüft. Für die Richtigkeit der Angaben kann jedoch keine Haftung übernommen werden.

Bildnachweis:

Udo Bernhart: 2/3, 5, 6/7, 8 u. M., u. r., 9 u. M., 8/9 o., 13 (2), 12, 13 (2), 14 (2), 16, 18/19, 19 (2), 20, 21 u., 23 (2), 24 (2), 25, 26/27, 28, 29 (2), 30 (2), 31 (2), 32, 33, 34/35, 36, 37 (2), 38, 39 (2), 40, 41, 42, 43 u., 44, 45 (2), 46 (2), 47, 48, 49 (2), 52/53, 53 u., 54, 55, 57, 58, 59 (2), 60 (2), 66, 67 (2), 80 (2), 81, 96 (2), 97 o., 98/99, 101 (3), 111 o., 137, 138, 139 o., 140, 141 (2), 162/163, 162 u. l., 163 u. M., 163 u. r., 164.

LOOK Die Bildagentur der Fotografen

age fotostock: 9 u. l., 51 u., 77 o., 134,155 u.; Böttcher: 50, 51 o., 74, 78, 82, 90 o., 90 u., 92, 108, 109 u., 112, 114 u., 115 u., 115 o., 139 u., 143 o., 146, 150, 151 u., 156, 162 u. r.; Dressler: 159 o.; Engel & Gielen: 83 u.; Harding: 53 o., 71, 125 u.; Haug: 63 u., 70 o., 72/73, 77 u., 83 o.; H. & D. Zielske: 56, 69 o., 157, 160/161; Jainz: 158; Johaentges: 9 u. r., 91 o., 95 o., 110/11, 113, 116, 117 o., 120, 121 o., 132, 133 o., 151 o., 153 o., 154, 155 o.; Lubenow: 21 o., 22, 61, 62, 68, 69 u., 70 u., 75 u., 76, 84, 85 u., 85 o., 89 u., 95 u., 111 u., 125 o.; Mirau: 63 o.; TerraVista: 17, 89 o., 105 M., 121 u., 152, 153 u.; Weissm Landau: 91 u.; Wohner: 8 u. l., 15, 86/87, 87 u., 88, 94, 142, 159 u., 159 M.; Wothe: 87 o., 93 o., 93 u., 97 u., 102, 103 o., 103 u., 104, 105 o., 105 u., 106/107, 109 o., 118 o., 124, 126/127, 135 o., 145 o., 162 u. M., 163 u. li., 166/167.
David: 51 M.; imageBROKER: Böker: 122 o.; Bömsch: 65; Dietrich: 130, 131 u.; Habel: 118, 122, 128, 144, 148 u., 149 o.; Mader: 70; MR-Photo: 123; Otto: 119 u.; Robbin: 135 u.; United Archives, Travel-Reise: S. 145 u.; Lendt: S. 100;
mauritius images: Leher: 43 o.; Zoonar GmbH: 64; picture alliance: 114 o., 117 u., 129 o., 129 u., 133 M., 136 o.; Kirchner: 147 u.; Leeners: 147 o.; Nowottnick: 136 u.; Wagner: 139 M.; Weather: 131 o.; Worm: 143 u.; Shutterstock: blucrayola: 75 o.

Seite 2/3: Am Strand der Insel Föhr; Seite 5: Mühlencafé am Süderhafen auf Nordstrand
Seite 6/7: Am Deich von Dagebüll; Seite 166/167: Sonnenuntergang bei Juist

Umschlag :
vorne, v.o.n.u.: Krabbenkutter nahe Büsum (Konrad Wothe / LOOK-foto); Mitte: Leuchtturm List Ost, Halbinsel Ellenbogen (Heinz Wohner / LOOK-foto); am Hafen von Husum (Rainer Mirau / LOOK-foto); hinten unten: Am Strand von Föhr; v.l.n.r.: Windmühle auf Föhr; Schafe auf Nordstrand; schmuckes Friesenhaus (alle U. Bernhart); linke Klappe: Neuharlingersiel (U.Bernhart); rechte Klappe: Kegelrobbe auf Helgoland (age fotostock / LOOK-foto)

Die Deutsche Nationalbibliothek verzeichnet diese Publikation in der Deutschen Nationalbibliografie; detaillierte bibliografische Daten sind im Internet u ber http://dnb.d-nb.de abrufbar.

© 2016 Bruckmann Verlag GmbH
ISBN 978-3-7343-0649-5

Ebenfalls erschienen ...

ISBN 978-3-7343-0147-6

ISBN 978-3-7343-0649-5

ISBN 978-3-7343-0650-1

ISBN 978-3-7654-6497-3

ISBN 978-3-7654-6120-0

ISBN 978-3-7654-4827-0

100 Highlights Die Welt
978-3-7654-6120-0

100 Highlights Deutschland
978-3-73433-0147-6-

100 Highlights Englands Süden
978-3-7343-0650-1

100 Highlights Europa
978-3-73433-0146-9

100 Highlights Kanada
978-3-7654-8780-4

100 Highlights Skandinavien
978-3-7343-0652-5

100 Highlights USA
978-3-7654-8227-4

Highlights Andalusien
978-3-7654-5599-5

Highlights Australien
978-3-7654-6494-2

Highlights Barcelona
978-3-7654-8222-9

Highlights Bayern
978-3-7654-6777-6

Highlights Berlin
978-3-7654-5871-2

Highlights Bodensee
978-3-7343-0646-4

Highlights Brasilien
978-3-7654-6121-7

Highlights Burma
978-3-7343-0665-5

Highlights Chile · Argentinien
978-3-7654-6031-9

Highlights China
978-3-7654-4830-0

Highlights Dresden
978-3-7654-6776-9

Highlights Franken
978-3-7654-8969-3

Highlights Frankreich
978-3-7654-5368-7

Highlights Gardasee
978-3-7654-6772-1

Highlights Hamburg
978-3-7654-5831-6

Highlights Hurtigruten
978-3-7343-0616-7

Highlights Island
978-3-7654-6497-3

Highlights Israel
978-3-7654-5598-8

Highlights Istanbul
978-3-7654-6180-4

Highlights Japan
978-3-7654-6495-9

Highlights Karibik
978-3-7654-4869-0

Highlights Kuba
978-3-7654-5596-4

Highlights London
978-3-7654-5835-4

Highlights Mallorca
978-3-7654-5465-3

Highlights Marokko
978-3-7654-8783-5

Highlights Namibia
978-3-7654-5143-0

Highlights Neuseeland
978-3-7654-4750-1

Highlights New York
978-3-7654-5751-7

Highlights Nordsee
978-3-7343-0649-5

Highlights Norwegen
978-3-7654-4827-0

Highlights Oberbayern
978-3-7343-0643-3

Highlights Oman & Dubai
978-3-7654-6032-6

Highlights Paris
978-3-7654-5753-1

Highlights Peru
978-3-7654-5436-3

Highlights Portugal
978-3-7654-5533-9

Highlights Rom
978-3-7654-5752-4

Highlights Russland
978-3-7654-5600-8

Highlights Sardinien
978-3-73433-0332-6-

Highlights Schweden
978-3-7654-4973-4

Highlights Schweiz
978-3-7654-5872-9

Highlights Sizilien
978-3-7654-5880-4

Highlights Südafrika
978-3-7654-6496-6

Highlights Südtirol
978-3-7654-6775-2

Highlights Sylt
978-3-7654-6179-8

Highlights Thailand
978-3-7654-5863-7

Highlights Toskana
978-3-7654-5843-9

Highlights USA Der Westen
978-3-7654-5758-6

Highlights Vietnam
978-3-7654-5144-7

Welterbe – Deutschland, Österreich, Schweiz
978-3-7654-8402-5

BRUCKMANN
www.bruckmann.de

84